本书为海南省哲学社会科学规划课题"海南自由贸易港对外开放理论与实践的创新研究"[HNSK(ZC)24-224] 成果

本书由海南省"双一流"学科——海南师范大学马克思主义理论学科资助出版

新时代中国高等教育供给质量优化研究

支继丹 ◎著

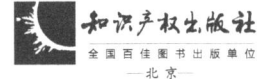

知识产权出版社
全国百佳图书出版单位
—北京—

图书在版编目（CIP）数据

新时代中国高等教育供给质量优化研究 / 支继丹著.
北京：知识产权出版社，2024. 11. -- ISBN 978-7-5130-9586-0

Ⅰ. G642.0

中国国家版本馆 CIP 数据核字第202452L6Y7 号

责任编辑：兰　涛　　　　　　责任校对：谷　洋
封面设计：春天书装　　　　　　责任印制：孙婷婷

新时代中国高等教育供给质量优化研究

支继丹　著

出版发行：知识产权出版社有限责任公司	网　　址：http://www.ipph.cn
社　　址：北京市海淀区气象路50号院	邮　　编：100081
责编电话：010-82000860 转 8325	责编邮箱：lantao@cnipr.com
发行电话：010-82000860 转 8101/8102	发行传真：010-82000893/82005070/82000270
印　　刷：北京建宏印刷有限公司	经　　销：新华书店、各大网上书店及相关专业书店
开　　本：720mm×1000mm 1/16	印　　张：9.5
版　　次：2024年11月第1版	印　　次：2024年11月第1次印刷
字　　数：148千字	定　　价：78.00元
ISBN 978-7-5130-9586-0	

出版权专有　侵权必究
如有印装质量问题，本社负责调换。

目 录

第一章 绪 论 …………………………………………………… 1

  一、研究背景与研究意义 ………………………………… 2

  二、国内外研究现状 ……………………………………… 8

  三、研究思路与研究方法 ………………………………… 27

  四、创新与不足之处 ……………………………………… 29

第二章 新时代中国高等教育供给质量的基本理论 ………… 31

  第一节 相关概念的界定 ………………………………… 31

  第二节 中国高等教育供给质量的主要内容 …………… 42

  第三节 中国高等教育供给质量的理论基础 …………… 46

  第四节 新时代中国高等教育供给质量优化的价值确认 … 53

第三章 新时代中国高等教育供给质量的目标要求与新内涵 ………… 59

  第一节 新时代中国高等教育供给质量优化的目标要求 ……… 59

  第二节 新时代中国高等教育供给管理的新内涵 ……… 64

  第三节 新时代中国高等教育供给规模的新内涵 ……… 70

  第四节 新时代中国高等教育供给结构的新内涵 ……… 73

第四章　新时代中国高等教育供给质量提升的困境与挑战 …… 78

　第一节　新时代中国高等教育供给管理面临的困境 …… 79

　第二节　新时代中国高等教育供给规模面临的挑战 …… 83

　第三节　新时代中国高等教育供给结构面临的挑战 …… 88

第五章　新时代中国高等教育供给质量优化路径 …… 94

　第一节　加强系统治理　发挥管理功效 …… 95

　第二节　促进供需升级　支持科技创新 …… 104

　第三节　优化供给结构　推动国家建设 …… 110

参考文献 …… 120

致　谢 …… 144

第一章 绪 论

党的二十大报告提出"实施科教兴国战略",深刻把握教育、科技、人才在全面建设社会主义现代化国家中的基础支撑作用。高等教育是科技、人才、创新的重要结合点,应优先建设高等教育强国,推进高等教育高质量发展,加快实现中国式现代化强国建设的进程,并对其起到应有的助推作用。科技创新占据中国式现代化建设全局的核心地位,高等教育成为国家发展科技力量的孵化器。新发展阶段发展的不平衡、不充分,本质上就是发展质量不高。① 阻碍高质量发展的卡点有许多,经济增长动力由要素与投资驱动转向由高素质人才支撑的创新驱动,通过对生产要素质量进行提升,以及要素组合进行优化,促进中国供给质量和效率的显著提升,进而驱动生产方式变革与经济转型升级。新常态以增速放缓、结构调整、质量提升为阶段性特征,国家既面临人才紧缺与人才结构性过剩所带来的负面影响,又存在尖端行业科技创新水平不高和自主研发能力不强的短板,严峻的形势促使国家体制逐步调整。处于历史转型期,高等教育服务经济社会发展需求的调控机制仍然不健全,且高等教育的供给和需求两端均已发生深刻变化,倒逼高等教育着力推进供给侧结构性改革,实行以矫正资源配置存在的偏差为核心的供给质量优化。经济保持永续增长动能的必要条件是社会供给能力与市场经济需求标准保持双向联动,社会供给通过供给结构调整提升产品服务水平,有效刺激市场总需求的扩大,市场

---

① 刘鹤. 必须实现高质量发展 [N]. 人民日报,2021-11-24 (6).

需求因生产效率提高促进产品服务多样化和高质量。目前，中国在探究高等教育供给质量的内部结构运行现状与发展趋势方面的研究还不太丰硕，尚未形成专门化、系统化的研究体系，对高等教育供给规模不够大、供给结构不协调等突出问题进行研究，具有理论与现实的重要意义。本章旨在对高等教育供给质量研究进行总体把握，并逐一对研究的各部分进行介绍。

一、研究背景与研究意义

党的二十大报告提出了以中国式现代化全面推进中华民族伟大复兴的使命任务，必须加快改革创新发展步伐，全面提高人才自主培养质量，以高质量发展全面服务中国式现代化。随着经济发展和科技进步，中国经济面临需求收缩、供给冲击、预期转弱的多重掣肘，高等教育供给结构和供给层次却未能与需求的升级同频共振，增加了经济向高阶段跨越的难度，高质量的发展模式成为必然。供给和需求之间的运动变化直接影响着市场运行，并决定国家经济发展整体状况。概而言之，高等教育供给质量的水平有限、供给方面的灵活性和适应性仍与预期有较大差距，无法满足社会需求之相应变化。实现高质量发展创新是第一动力。中国劳动力专业素质长期处于低位，科技原创能力仍不够高。一方面，中国劳动力资源相对充裕，但是中国劳动力的分布情况、高等教育普及程度不尽如人意，中国劳动力的专业素质与市场对专业劳动者需求不相协调。另一方面，中国自主研发能力有待提高。2021年中国创新指数值为219.0，比上年增长4.4%，[1] 然而国家自主创新能力亟待增强，因为中国仍需依靠购买来获得一些关键核心技术，在制造产业上，现有制造水平还无法生产出许多尖端产品和精密零部件。

---

[1] 2021年中国创新指数［EB/OL］.（2022-10-27）［2023-01-05］. http://www.stats.gov.cn/tjsj/sjjd/202210/t20221027_1889776.html.

（一）研究背景

在构建新发展格局过程中，将扩大内需战略同供给侧结构性改革进行有机结合，从供给和需求两侧同时发力，逐步缓解低质量发展引起的供需错配、产能过剩，实现高水平供需动态平衡。我国的发展战略把创新要素作为"原驱动力"，利用创新实现科技突破和知识更新转化为先进的生产力，提高了要素配置效率，促进了供给产品质量提升，保持了经济发展应有的活力和调节力，从而整体上提高了国家的综合实力和竞争力。加大科技创新的力度，为经济可持续发展和转型提供原动力。高等教育是促进生产力发展的重要渠道，高校供给产品涵盖人力资本、技术创新等相关要素。因此，中国高等教育发展方向同国家发展的现实目标和未来方向紧密联系在一起。高等教育供给侧与需求侧衔接的不协调是引发高等教育不均衡的重要因素，进一步优化高等教育供给质量是促进高等教育高质量发展的基本要求，更要进一步"贴近社会需求，把握需求变化的特点和趋势"[①]。针对新发展阶段新常态下中国高等教育供给需求失衡态势，依托马克思主义政治经济学视角，深入剖析现象表征下的深层次问题，以便从更深层次找到教育供给需求失衡的本质和症结，结合中国经济形势寻求科学稳妥、富有建设性的改革方案，有效实现经济高质量、高水平发展。

1. 新常态下经济社会转型升级亟须高等教育产品服务创新

经济转型升级和国际竞争需要高等教育高质量发展作为保障。新常态下中国经济发展速度渐趋平缓，2019年我国国内生产总值比上年增长6.1%，逐步趋于稳定，中国正处于经济陡坡攀爬的紧要关口，依靠创新要素刺激经济发展，恢复应有的活力，加快实现经济社会高质量发展的进程。实现中国经济高质量发展迫切要求构建适合中国独特国情的现代化经

---

① 陈宝生. 认真学习贯彻习近平总书记高等教育重要论述 努力办好中国特色社会主义大学[J]. 中国高等教育，2017（1）：4-10.

济体系,[①] 科技创新已成为社会生产方式进步的强大引领,社会对科学知识和卓越人才的需要更加强烈。产业革命带动新一轮国际经济竞争,传统高耗能产业已经饱和,新兴高端制造业不断涌现,科学技术,尤其是高精尖技术需要国际购买,技术人员能力不足和理论学术型人才培养过剩的矛盾突出,传统的劳动力水平无法弥补新兴产业的人才需求缺口。中国原始创新能力亟待增强,创新体系整体效能偏低,高等教育供给的产品和服务质量与经济高质量发展需求、科技创新和高精尖人才不匹配,增强科技创新服务能力的压力仍然很大。

促进科技创新和服务经济社会发展是高等教育的责任和本质。未来世界推动社会进步的能力在于,通过高等教育提升人才培养质量与知识创新程度。因此,完善科技创新体制机制,以核心技术投入和创新需求链条为驱动枢纽,全面提高自主创新能力,需要高等教育的人才培养,加快形成一支赋予创新精神的创新型人才队伍。现阶段,中国经济处于转换增长动力的攻关期,存在高端人才稀缺、关键核心技术自主创新能力较弱等缺陷,亟待重点关注对"卓越人才"与"拔尖人才"的培育,驱动高等教育高端人才输出,全方位增强国家科技自主创新能力和核心技术研发水平。然而,中国高等教育在基础研究、科学成果转化、对接企业发展转型等方面还无法很好地适应和引领技术创新与经济社会发展的需要,研究型大学尚不能发挥科研服务社会的功能,应用型大学也不能提供复合型技术人才。经济发展方式向资源集约型和技术密集型转变,引起高等教育需求侧发生深刻变化,经济发展对高质量专业人才的需求急迫。但是由于高等教育人才培养类型和层次结构问题,又引发了高质量高等教育产品和服务短缺与低层级高等教育机会供给过剩的供需错配矛盾,反过来又倒逼高等教育供给端改革。

---

① 姜大源. 教育供给侧改革的最大潜力在于职业教育 [J]. 教育与职业, 2016 (21): 5.

2. 新发展理念需要高等教育资源配置均衡的助推

中国实现创新和协调发展离不开高等教育的助力与推动。高等教育发展水平是衡量国家发展水平和发展潜力的标准，与一个国家创新能力有密切联系。创新发展离不开良好的教育基础和高素质的人才。人才科技创新是解决自主创新难题的充分条件，是实现供需高质量平衡、区域经济协同参与内外循环的智力支持。高质量发展是解决发展不平衡、不充分问题，体现新发展理念的发展。协调发展注重解决发展不平衡问题，通过区域间资源分配均衡，加速人才流动带来的技术、资本等生产要素的流通，将薄弱之处填补起来，形成均衡发展的结构，增强发展后劲。

人力资源在地理分布上的不均衡成为阻碍区域经济协调发展的症结。我国人口流动集中于发达的东部地区，东部地区充分发挥其经济优势地位作用，人口吸纳的占比较高，中部地区和东北地区人口流动偏低，中部地区人口吸纳在全国总量中占比很低，东北地区在人口吸纳方面最弱，其人口吸纳量极低。可见，东北地区缺乏人才吸引力，而东部地区集中了最多的人力资源，在地域上呈现人力资源分布的严重不协调，实际上是以人才为载体的科技和知识的地域性差异，人力资源的高度集中不利于区域间的协调发展。优质的高等教育资源易于向经济发达、政策开放、科技成果转化率高的地区集中，供给结构的失调引发中西部经济不发达、资源不丰富地区高等教育资源的大量流失，阻碍高等教育在协调区域经济发展中发挥作用。因此，高等教育资源在区域间分布结构的均衡，能够在一定程度上影响地区间人才分布的均衡，从而促进各地社会经济协调可持续发展。

3. 新矛盾要求高等教育供给质量优化，促进其高质量发展

中国高等教育正处在从规模扩张转向重视质量的发展阶段。自2012年以来，中国在学总人数逐年增长，截至2021年已超过4430万人，同时高等教育毛入学率从30%提高至57.8%。2022年，高等教育受教育者的总

数已达 2.4 亿人。① 这种变化标志中国高等教育体系只有朝着更加注重质量和卓越的方向发展,才能满足越来越多的人对高质量教育的需求和追求。当前,我国受过高等教育的新增劳动力比例较高,新增劳动力进入职业岗位前已经接受过高等教育,中国劳动力人口素质进一步提升。科技要素对经济发展的作用更加明显,但是中国紧缺的是集知识与创新于一体的高素质创新型人才,这才是限制中国高质量发展的根本原因。中国高等教育高质量发展受到教育供给制约,面临的最大矛盾是高等教育规模扩张与教育结构变化、提高教育质量诉求等方面的冲突。② 解决中国社会不平衡、不充分的主要矛盾,必须推动高质量发展。

随着人民群众对教育需求的不断提升,高等教育也面临更为多样化、层次化和个性化的要求。在特定历史时期,需求侧管理促进了中国高等教育的快速发展,使国家能够满足对高层次人才,以及更多个体接受高等教育的需求。然而,过于重视高等教育投入的规模效应而忽略学校办学效益,追求学校层次的提高而轻视人才培养质量等现象,导致了高等教育办学同质化、学科专业结构同质化等问题。这些问题逐渐凸显需求侧管理面临的挑战,即高等教育有效供给不足、供需错配,以及办学效益和育人质量低等现实危机。相比之下,供给侧管理注重激发经济增长动力,通过提升人才质量、结构优化升级等方式来推动内涵式发展。供给侧改革理论特别注重将供给侧与需求侧关联起来,更加注重供给质量改革的思想,突出供给质量的重要性,实现规模、结构等供给侧与个人、社会需求侧的平衡,为高等教育高质量发展提供了理论指引。

(二) 研究意义

高等教育的发展水平是衡量国家核心竞争力的重要指标。推进高等教育高质量发展是建设高等教育强国的必由之路。解决高等教育培育人才质

---

① 推动高等教育高质量发展 [N]. 人民日报, 2022 – 06 – 07.
② 钟秉林, 王新凤. 迈入普及化的中国高等教育:机遇、挑战与展望 [J]. 中国高教研究, 2019 (8): 9 – 10.

量不够高、有效资源供给不足等问题，要在深刻把握高等教育供给质量优化思路下，以遵循高等教育发展规律为前提，通过提高高等教育供给结构、提升高等教育供给动力、提高高等教育治理能力等手段深入推进高等教育供给质量优化，有效释放高等教育高质量发展活力，以满足经济社会发展和人民群众多样化、高质量的教育需求、促进个体全面而自由发展，推进高等教育支撑引领时代发展步伐。本书结合供给侧结构性改革的理论框架，整体性探讨高等教育供给质量的"顶层设计"和"系统改革"，以期更好地符合国家经济社会发展需要，适应中国高等教育自身发展需要与应对外部环境的挑战，进而丰富高等教育供给侧改革的理论基础，提供有效的高等教育供给侧改革实践措施。

1. 理论意义

第一，高等教育供给质量优化以马克思主义中国化时代化思想成果引领治学。马克思主义是我们立党兴国的根本指导思想，扎根中国大地，加快建设现代化教育强国的根本指导思想。将马克思主义的教育思想和整体发展观应用到中国的实际当中，便形成具有中国特色的马克思主义教育发展理论。建设现代化强国需要发挥高等教育的支撑作用，坚持教育优先发展，解决高等教育供给质量问题应当建设一批具有中国特色社会主义一流大学，建设一支素养高、业务能力强、专业水平过硬的教师队伍，从而搭建高水平人才培养框架。以高校为依托，发挥学科优势和学术力量，不断突破关键核心技术限制，持续发挥人才创新驱动作用，有力服务新时代党的理论创新工作，这进一步加深了我们对教育发展规律的深刻理解。

第二，高等教育供给质量优化彰显了高等教育创新发展优势。解决新时代中国高等教育供给质量发展难题，需要在遵循教育客观规律的前提下，采取恰当的手段和方法，改革与调整管理体制机制，增强高等教育创新能力，推动经济社会向前的服务力，高质量完成高等教育改革发展的基本任务。回顾中国高等教育供给质量不断提升的历程，深刻认识到高等教育对国家和经济社会发展的重要性,高等教育取得了前所未有的功绩,支撑国家重大战略持续推进。

2. 现实意义

第一,教育供给质量优化为加快建设质量强国提供了解决之道。当前中国经济社会发展不充分、不平衡更加突出,亟待处理发展质量与效益低下等诸多问题。中国高等教育改革迈进深水区,高等教育面临调结构、提质量的重大难题,高等教育人才培养模式、办学体制、管理机制等有必要大刀阔斧地优化,深化行政管理体制改革,正确引导资源配置,优化现有供给结构,提升现有产品和服务功能,着力系统提升高等教育供给质量,在一定程度上有助于高等教育供给侧与社会需求侧相结合,明晰高等教育供给主体的权责关系,直击影响高等教育发展的核心问题,寻找最优的高等教育供给模式。

第二,教育供给质量优化深层次强化了现代化建设人才支撑。国之命脉,重在人才。建设社会主义现代化强国要求优先发展教育。现代化教育强国建设是现代化强国建设的必要组成部分,建设现代化教育强国的重点是教育高质量发展,教育高质量发展必然对人才质量提出新标准。尤其国家改革进入了攻坚期,人力资源支撑经济发展的作用不断优化,提高发展质量和效益迫切需要培养、造就一大批创新型人才,迫切需要加快人才队伍建设。将供给侧结构性改革与高等教育高质量发展进行交叉式与系统式研究,以供需结合、主体改革、制度创新与结构优化为一体,系统解决高等教育的供给质量与大循环系统的矛盾,能够打造中国高等教育供给的特色优势。

二、国内外研究现状

新时代建设教育强国是中华民族伟大复兴的基础工程,对教育科研创新程度和高端人才质量提出新的要求。然而,中国教育的主要矛盾是教育体系提供的教育资源和相应服务无法满足普通民众对于高质量、多元化教育需求，加剧教育供需矛盾的尖锐。由此可见，有效供给不足已成为教育矛盾产生的主因。实现教育供需均衡不能左支右绌，要供需两端齐驱并进。高等教育是教育事业的核心体现，又与劳动力市场最接近。因此，学界对教育供需问题的研究大多集中在高等教育领域。通过对现阶段高等教育供给侧改革主要研究内容的分析与探究，有助于明晰层次架构，推进理论纵深发展，从而为今后的研究提供一定借鉴。

（一）国内研究现状

国内对高等教育供需矛盾的研究起步较晚，20世纪90年代才刚刚开始。目前，涉及高等教育供需的研究成果更多集中于专业人才在需求方面的问题，研究内容集中在高等教育供给和需求的概念界定、基本原理、矛盾关系上，提出在高等教育供需问题未来走向等方面的见解和展望。

1. 教育供需矛盾的内涵及其供给侧结构性改革研究

（1）关于教育供需概念阐释研究

国内学术界一般从教育供给涉及的要素对教育供需概念进行界定。在特定时间阶段，一定的地域划分范围（国家或地区）内拥有的各种层级或阶段学校能为具有支付能力和接受意愿的受教育者提供的教育机会；[1] 毕业生主观意愿出售的教育产品（人力资本）的数量；[2] 横穿整个教育过程的起点和终点，提供入口教育机会和出口教育产品两个部分的统一；[3] 从生产关系上可以将教育公共产品的供给划定为两个供给过程，主要包括提供过程和生产过程。教育公共产品的提供过程是指在生产环节消费者尚未获得以物体存在的教育产品，从权利上享有为保证产品质量的监督权、为帮助教

---

[1] 靳希斌. 教育经济学 [M]. 北京：人民教育出版社，2001：77.
[2] 吴克明. 教育供求新探 [J]. 教育与经济，2001 (3)：52－55.
[3] 胡建琴. 甘肃职业教育的需求与供给分析 [D]. 天津：天津大学学位论文，2003：21.

育产品得以成形的资助权、获得对服务活动的授权。① 教育公共产品的生产过程是指在教育生产终端环节获得的以物体形式存在的教育公共产品、教育服务。② 所以说,教育供给指的是教育机构或组织在特定的时期内提供给个人的教育机会,以及提供给社会的教育产品与服务。

教育需求与教育供给具有经济意义和社会内涵。王善迈认为,"教育需求应当是以一定的社会经济条件为前提,身处其中且具有支付能力的人们对教育的需要"③。支付能力是实现需求的先决条件,靳希斌则从教育主体对象上强调,具备一定教育支付能力的社会和个人对教育的需求即为教育需求。④ 此外,还有杨保焜、范先佐同样表示,教育需求不仅是个人、社会具备支付教育能力的需要,还是国家能够支付教育的需要。⑤ 由此,教育需求指的是社会主体对教育机会和教育产品具有支付能力的需求。

教育供给与教育需求的矛盾是常态,贯穿整个经济运行过程的理论抽象,成为影响教育供需均衡的重要方面。朱静指出,"教育供需总是处在不均衡—调整—均衡—不均衡—再调整的动态过程之中"⑥。范先佐认为,教育供需分静、动两种状态,既有平衡又有变动,并且随着教育供需主体各异而发生变动。⑦ 教育供需两端承重有限,若不平衡则会对社会经济造成较大的波动。⑧ 教育供需矛盾一直是协调发展的难点,需求无限而教育资源相对限制形成矛盾。

学术界倾向于增加资源有效供给来调节教育供需矛盾,借助主体对象各有差别。马晓燕指出,合理供给教育资源加上提升使用效率能够推动教

---

① 埃莉诺·奥斯特罗姆,帕克斯,惠特克. 公共服务的制度建构:都市警察服务的制度结构 [M]. 宋全喜,任睿,译. 上海:上海三联书店,2000:16.
② 迈克尔·麦金尼斯. 多中心体制与地方公共经济 [M]. 毛寿龙,译. 上海:上海三联书店,2000:4.
③ 王善迈. 教育投入与产出研究 [M]. 石家庄:河北教育出版社,2001:80.
④ 靳希斌. 教育经济学 [M]. 北京:人民教育出版社,2001:75.
⑤ 杨保焜,范先佐. 教育经济学新论 [M]. 南京:江苏教育出版社,1995:247.
⑥ 朱静. 试论办学体制与教育供求的关系 [J]. 教育与经济,2001 (1):49 – 51,34.
⑦ 范先佐. 教育经济学 [M]. 北京:人民教育出版社,1999:155.
⑧ 叶忠. 论教育供给有效性的衡量 [J]. 河北师范大学学报(社会科学版),2001 (2):53 – 58.

育供需均衡。① 吴宏超、范先佐认为,"有效供给"能够满足消费者对产品或服务的不同需求,无论是教育规模上,还是教育质量上提出的各种需求。在教育资源紧缺的情况下,能够解决教育供给与教育需求之间的矛盾的有效方法是增加"有效供给"。② 崔民初认为双向调节,既有政府引入教育成本,合理调控教育供需的调节,又有以市场为导向,优化教育资源配置的调节。③ 贾琳琳利用经济学供需理论和教育供需博弈均衡交叉方式,鼓励多元投资,加强制度保障和法律支持。④

(2) 关于教育供给侧结构性改革的相关研究

供给侧结构性改革是指"从提高供给质量出发,用改革的办法推进结构调整,纠正要素配置扭曲,扩大有效供给,提高供给结构对需求变化的适应性和灵活性,提高全要素生产率,更好地满足广大人民群众的需要,促进经济社会持续健康发展"⑤。贾康提出,供给侧结构性改革的关键在于生产力的持续提升。⑥ 李佐军认为,制度矛盾影响和制约结构性问题是当前供给侧结构性改革的重点任务,进而在确认症结的基础上提出了要增加供给有效性,优化供给结构的改革思路。⑦ "供给侧结构性改革"实质上是以体制机制改革为引擎,在妥善处理好供给主体关系基础上,盘活各生产要素,以结构性调整和动力升级为主要内容的供给质量提升的整体性变革。

教育供给侧结构性改革作为供给侧结构性改革领域的重要延伸,自然

---

① 马晓燕. 关于实现我国教育资源合理配置与教育供求均衡的思考 [J]. 上海教育科研,2001 (1): 15 – 17.
② 吴宏超,范先佐. 我国教育供求研究的回顾与反思 [J]. 教育与经济,2006 (3): 24 – 27.
③ 崔民初. 我国现阶段教育供需矛盾产生的原因及对策研究 [D]. 武汉: 华中师范大学学位论文,2003: 13 – 19.
④ 贾琳琳. 应用经济学的供求理论分析我国教育需求与教育供给的矛盾及解决办法 [J]. 辽宁教育行政学院学报,2005 (5): 48 – 49.
⑤ 以供给侧结构性改革为引领 [EB/OL]. (2016 – 01 – 30) [2016 – 10 – 22]. http://www.gov.cn/zhengce/2016 – 01/07/content_5031097.htm.
⑥ 贾康. 供给侧改革的核心内涵是解放生产力 [J]. 中国经济周刊,2015 (49): 78 – 79.
⑦ 李佐军. 与供给侧改革相关的几个基本知识点 [J]. 唯实 (现代管理),2016 (3): 18 – 19.

成为解决教育领域发展困境的必要条件。教育供给侧结构性改革对解决教育均衡、效率与质量问题,以及各主体的复杂需求与社会现实等问题起着关键作用,① 邹平提出,要更加重视教育"对全要素生产率提升、阻断贫困代际传递、维护社会稳定的重要意义"②。因此,"供给侧结构性改革是解决教育老大难问题的根本途径"③。针对教育供给侧结构性改革理论内涵展开深入研究,刘云生认为,教育供给侧结构性改革在遵循教育自身逻辑的基础上,更加注重公平和政府的主导作用,同时以人的健康发展为目标。④ 周海涛、朱玉成提出协调教育部门的内部关系,调节有效供给矛盾。⑤ 对于供给侧结构性改革引导下,高等教育高质量发展的相关理论,详见表1。

表1 供给侧结构性改革引导下的高等教育高质量发展的相关理论

供给侧结构性改革理论	基本主张	调控内容
供需结合理论	更加突出供给质量改革	突出供给质量与供给结构
	供给与需求紧密结合	规模、结构、质量等供给侧与个人、社会需求侧的平衡
优化结构理论	改进经济结构与产业结构	加强和凸显结构调控

2. 高等教育供给侧结构性改革相关研究

(1) 关于高等教育供需的概念阐释

按照供给阶段不同,可将高等教育供给分为教育机会和教育产品。靳希斌直指生源市场,认为高等教育供给是指一国或地区高等教育机构面向生源市场为受教育者提供的教育机会。⑥ 王善迈立足教育结果,指出高等

---

① 李奕. 教育改革,"供给侧"是关键 [N]. 人民日报, 2016-01-14 (18).
② 邹平. 云南教育供给侧结构性改革的若干思考 [J]. 教育研究, 2016 (11): 150-155.
③ 熊丙奇. 教育老大难问题要从供给侧破冰 [N]. 中国教育报, 2016-03-04 (2).
④ 刘云生. 供给侧结构性改革:教育怎么办? [J]. 教育发展研究, 2016 (3): 1-7.
⑤ 周海涛, 朱玉成. 教育领域供给侧改革的几个关系 [J]. 教育研究, 2016 (12): 30-34.
⑥ 靳希斌. 教育经济学 [M]. 北京: 人民教育出版社, 2001: 80.

教育供给是指在特定单位教育成本下，面对劳动力市场对劳动者提出的需求标准，无论是数量的多少，还是质量的高低和结构层次，教育机构能够满足的能力。① 高等教育供给实际上是为劳动力市场服务的。范先佐认为，高等教育供给是社会为了培养其正常运转所需的各种熟练的劳动力和专门人才，推进经济、社会和个体的发展，在一定时期内通过高等教育机构面向学生，为其提供受高等教育的机会。② 李同明也指出，在特定时期内，高等教育部门向具有支付能力的个人和社会提供机会，使其获得高等教育和科技服务，这被称为高等教育供给。③ 可以看出，该观点既肯定高等教育提供给社会的各类高等教育产品，包括各类人才和科研成果，又强调高等教育供给是提供给个体的受教育机会。

按照面向的对象不同，可将高等教育供给分为个人供给和社会供给。高等教育部门能够提供相应教育机会、高素质的劳动力，以及用来促进生产力发展的科学技术研究成果，还有面向个人的教育和培训服务。④ 高等教育的社会供给是指"在一定的单位教育成本下，高等教育机构所能提供的教育，表现为教育机构培养一定数量、质量、结构劳动者的能力"⑤。综观高等教育供给，不仅涵盖政府和社会的人财物、制度等方面对高等教育的投入，更蕴含高等教育机构向求知者提供的机会供给，以及为社会和国家提供人才和智力支持的综合性举措。

教育需求理应包含人民群众、社会、国家建设等多个层面。从单一主体需求来看，杨树兵将研究生教育发展的需求界定为诸多类型的需求。⑥张珏指出，需求包括国家战略和地区经济发展两个核心内容，高等教育除适

---

① 王善迈. 教育投入与产出研究 [M]. 石家庄：河北教育出版社，1996：321.
② 范先佐. 教育经济学 [M]. 北京：人民教育出版社，2010：165.
③ 李同明. 中国现代高等教育经济学 [M]. 北京：经济管理出版社，1998：98.
④ 周树藩，等. 高等教育供求分析：与肖昊同志商榷 [J]. 建材高教理论与实践，1997 (2)：50-51.
⑤ 王善迈. 教育投入与产出研究 [M]. 石家庄：河北教育出版社，1996：321.
⑥ 杨树兵. 服务需求，培育高质量人才 [N]. 江苏教育报，2017-06-16 (002).

应和服务国家战略外，还要兼顾地方和区域发展功能。① 从综合主体需求来看，吕育康将高等教育需求分为受教育者需求和现代化建设需求，根据两类需求的不同属性分为入口需求与出口需求。② 马永霞、范先佐将高等教育需求界定为由个人需求与社会需求共同构成的二元主体。③ 个人需求是指家庭及个人为获得自身所需对高等教育产生的期待，这种需求既可以是精神思想，也可以是以物体形式存在的物质。社会需求是指一定时期内，国民经济部门、社会各领域对具有高等教育水平的高级专门人才和劳动者，以及科技产品在数量、质量和结构等诸多层次的需求。④ 高等教育需求可分为个人需求和社会需求，需求主体以一定支付能力为前提，获取预期的高等教育产品或服务。

（2）高等教育供需矛盾的原因分析

教育领域的供需相对不足的问题已经是老生常谈。陈宏军、江若尘从不同角度阐述了教育需求的决定因素，从经济效益角度上看，宏观上主要有社会经济水平、财政收支情况和结构、教育单位成本。⑤ 吴泽俊指出，社会对高等教育需求主要由政府的教育政策、人力资源配置政策、经济发展水平、技术进步程度等因素决定。⑥ 微观上主要有教师的薪资待遇、居民经济收入、教育供给价格等主要影响因素。⑦ 崔民初提出，个人层面的潜变量可能同样会对教育需求产生影响，如个人受教育的欲望，家长的文

---

① 张珏. 合理确定地方高等教育发展规模和结构目标 [J]. 中国高等教育，2016（Z2）：38-42.

② 吕育康. 非主流教育新视野：人才供给非稀缺阶段的中国教育 [M]. 郑州：郑州大学出版社，2004：16.

③ 马永霞，范先佐. 高等教育需求主体间的冲突与化解 [J]. 清华大学教育研究，2005（2）：42-46.

④ 许之所. 高等教育需求与供给分析 [J]. 华中农业大学学报（社会科学版），2007（3）：115-117.

⑤ 陈宏军，江若尘. 高等教育个人需求的系统分析与高等教育的需求类型关系的诠释 [J]. 清华大学教育研究，2006（2）：31-38.

⑥ 吴泽俊. 高等教育供求均衡的经济学分析 [J]. 教育学术月刊，2009（12）：68-71.

⑦ 吕慈仙，李卫华. 高校学生专业选择的影响因素分析：基于理性选择理论的视角 [J]. 高等工程教育研究，2014（1）：81-85.

化程度和价值取向、择业需求等。[1]

按照教育需求的主体对象不同,可分为社会需求和个人需求。[2] 靳希斌指出,影响社会教育需求的因素包括,但不限于经济发展状况与结构等诸多因素。[3] 郑磊指出,影响教育需求的因素主要包括学校的财政资助政策、家庭及个人的经济水平、社会地位和影响力等。[4] 吴泽俊从家庭方面关注家庭收入、对下一代的关注程度、消费者的选择性、适龄人口的规模、教育的收益率、教育制度,等等。[5] 一部分学者将研究目光投放到群体分化上,重点关注高等教育的个人需求及学业择取,研究得出,不同群体接受高等教育的机会存在差异,从而引起需求的分化。由上述可知,从高等教育供需主体对象进行研究,大致可以分为国家、社会、个人三大类。

刘俊学从教育服务的根本属性展开分析,揭示了"高等教育供需主体、高等教育供需客体与高等教育供需关系的特点,及其运动规律"[6]。吴宏超、范先佐认为,中国教育长时间停留在教育资源紧张状态,因资源缺乏引发的总供给量在数量、质量和结构方面的不足,进而造成总需求得不到满足的局面,缓解供需矛盾的关键是增加教育的"有效供给"[7]。宋光辉、陈勇探究中国民办高等教育发展与个人需求之间的关系,结论是过剩的高等教育需求支撑中国民办高校生存。[8]

综上所述,高等教育供需矛盾的成因主要有以下三类:

① 高等教育供需矛盾的根源是个人对高等教育的需求与社会对高素质

---

[1] 崔民初. 我国现阶段教育供需矛盾产生的原因及对策研究 [D]. 武汉:华中师范大学学位论文,2003:3-7.
[2] 蒋洪甫. 中国高等教育供求关系研究 [D]. 保定:河北大学学位论文,2007:7-8.
[3] 靳希斌. 教育经济学中几个理论问题的思考 [J]. 教育与经济,1998 (1):1-5.
[4] 郑磊. 中外高等教育需求影响因素的比较研究 [J]. 比较教育研究,2008 (9):51-55.
[5] 吴泽俊. 高等教育供求均衡与策略选择 [D]. 南昌:江西师范大学学位论文,2005.
[6] 刘俊学. 基于教育服务的高等教育供求研究 [J]. 江苏高教,2009 (5):38-40.
[7] 吴宏超,范先佐. 我国教育供求研究的回顾与反思 [J]. 教育与经济,2006 (3):24-27.
[8] 宋光辉,陈勇. 超额需求、差异化需求与我国民办教育规模 [J]. 管理世界,2009 (6):61-71.

人才需求的不协调。个人的高等教育需求具有多样性和刚性，受社会文化、价值观念和经济状况等多种因素的影响。因为受限于科技水平、经济发展程度，以及对雇用成本的综合考虑，高等教育的社会需求表现为较强的选择性和有限性。中国高等教育的个人需求迅速攀升，与之相应的是社会对高等教育产品的需求却仍停留在较低的程度，造成一定时期内大学毕业生在区域内的相对过剩。

② 高等教育供需主体的不同目标取向是影响供需失衡的主要因素。在市场经济环境下，不同的供需主体具有不同的目标，使利益交织，进而引起供需失衡。在高等教育迅速发展的道路上，高等教育的有效供给数量不足，存在大量同质化、低成本的教育供给；高校毕业生对社会的期待与社会能够提供的职位层级产生较大矛盾，并且由于大学生的学费成本较高和对职位的期待较高而加剧矛盾。

③ 教育政策设计的不当对供需失衡的影响非常重要。高等教育供给增加可有效缓解人口就业压力，对个人而言，高等教育成本高，自然要求回报高，对由此引发的问题重视不够，故而就业压力不断增加。此外，还存在未全面考虑高校扩招、未考虑教育资源的有限性，事前对整体优化配置不够等因素。因此，如何最大限度发挥高等教育的优势与价值，需要各相关部门反复论证、思考。

（3）高等教育供给侧结构性改革研究

学术界面对高等教育供需矛盾采取供需主体的利益整合，即针对供需主体之间的利益冲突的化解手段，通过整合实现供需主体利益的重新分配。教育供给侧结构性改革的关注点包括创新改革思路、激发改革动力、转变政府职能等方面。① 张务农提出，最好以高等教育供给侧的动因作为妥善处理教育结构性与财政性困难的基础，以政府、社会和高校为改革主体对象，通过在政府施策、社会帮扶及高校服务等链条环节上的改革，以

---

① 金保华，刘晓洁. 高等教育供给侧结构性改革的理论逻辑与实践路径 [J]. 教育与经济，2016 (6)：18.

达到市场对人才需求为目的,政府加大对教育机构的政策支持力度,完成教育资源的合理调控。① 徐玉特强调,高等教育供给侧改革的核心点是市场需求和劳动力供给的协调性,并以此为前提建立企业及高校共同培养人才之模式,以增强人才培养机构之主观性。② 由此可见,针对高等教育供给侧的改革,旨在以供给侧为突破口,优化资源配置和调整供给结构,从理念、资源、制度等方面推动高等教育发展的全方位变革。该改革是在外部经济社会变革和内部发展要求的推动下进行的,政府在其中扮演着重要的责任和主导地位。

学术界在分析高等教育供给侧改革实施路径时,有如下四个基本切入点:

① 重点调整高等教育供给结构不匹配。袁广林提出,"从结构维度入手进行高等教育供给侧改革"③。张有声则从宏观层面分析高等教育供给侧结构性改革目标,进一步分析培育本科专业人才的路径。④ 陈正权、朱德全提出,优化高等教育内部专业结构、人才结构,以及外部分布、层次等结构是高等教育改革的基础。⑤

② 探索和分析利益主体之间的关系。要加强政府、学校和社会之间的协作,通过制度供给和创新,学校合理使用权利,社会参与监督权力的行使。为此,石火学和俞兆达提出了建立"中央—地方—高校"的对话和反馈机制。⑥ 武毅英和童顺平认为,高等教育供给主要受供给链条的制约,

---

① 张务农. 从经济学命题到教育学命题:供给侧改革之于高等教育发展意义审思 [J]. 江苏高教,2017(3):33.
② 徐玉特. 高等教育供给侧改革背景下的政府、高校、市场协同机制研究 [J]. 黑龙江高教研究,2018(2):64.
③ 袁广林. 供给侧视野下高等教育结构性改革 [J]. 国家教育行政学院学报,2016(6):15-22.
④ 张有声. 从供给侧改革本科专业人才培养思路 [J]. 中国高等教育,2016(1):37-41.
⑤ 陈正权,朱德全. 高等教育供给侧结构性改革:目标、内容和路径 [J]. 现代教育管理,2017(2):23-29.
⑥ 石火学,俞兆达. 背景·意涵·路向:高等教育供给侧结构性改革 [J]. 江苏高教,2018(10):23-28.

存在政府政策链、社会支持链和内部关系链不畅通的问题。①

③ 以制度创新为高等教育供给侧的动力和保障。何慧星和张雅旋提到，要"以配套的法规制度来推动供给侧结构性改革"②。

④ 以效益和质量提升为改革的核心目标。现阶段高等教育出现结构失衡、忽视人才培养、创新动力不足等诸多难题，姜朝晖提出的改革思路主要是以创新高等教育发展道路为目标，在结构上对高等教育进行调整，促使高等教育质量逐渐提高，提升高校办学效益。③ 质量和效益与高等教育供给结构密切联动。在理念方面，李玉华提出重筑高校格局和重塑大学精神的改革思路，④ 吴向文、王志军提出建立现代中国大学制度价值取向。⑤ 从现有研究来看，高等教育的供给侧结构性改革不但需要考虑单一问题的解决，而且需要多措并举，才能形成有效的高等教育供给侧优化机制，实现高等教育质量和效益的双重提升。

（二）国外研究现状

早在20世纪70年代，拉德纳（R. Radner）和米勒（L. S. Miller）针对美国高等教育供给和需求情况便已展开调查与研究。⑥ 国外在研究高等教育的供需问题时常用的理论基础，如人力资本理论、教育收益理论、劳动力市场供需均衡理论等，均从不同角度指向或关联至教育的供需问题，高等教育的供需研究由此拉开序幕。

---

① 武毅英，童顺平. 高等教育供给侧改革的动因、链条与思路 [J]. 江苏高教，2017（4）：1-6.
② 何慧星，张雅旋. 高等教育供给侧结构性改革的逻辑、依据与路径 [J]. 现代教育管理，2017（12）：40-44.
③ 姜朝晖. 以供给侧改革引领高等教育发展 [J]. 重庆高教研究，2016（1）：123-127.
④ 李玉华. 我国高等教育供给侧改革研究 [J]. 教育探索，2016（5）：71-76.
⑤ 吴向文，王志军. 从高等教育发展过程看其供给侧改革价值取向 [J]. 黑龙江高教研究，2018（3）：10-13.
⑥ RADNER R, MILLER L S. Demand and supply in U. S. higher education: a progress report [J]. American Economic Review，1970，60（2）：326-334.

第一章 绪 论

1. 人力资本理论与教育供需关系的研究

人力资本理论是教育经济学领域的一个经典理论,它的核心思想是一个人的知识、技能和能力对于劳动价值的提升至关重要。因此,教育作为培养人才的基础,对于推动经济发展至关重要。所以说,人力资本理论对于研究高等教育的供需关系非常有价值。社会对高等教育的需求主要是对受过高等教育的人才的需求,也就是人力资本的需求。20 世纪 60 年代,西奥多·W. 舒尔茨(Theodore W. Schultz)经过对西方古典经济学关于人力资本思想的扬弃,提出了人力资本概念,开创性地展开对人力资本理论的系统论述。人力资本通过劳动者的知识、技能及能力呈现,"人力资本的显著标志是它属于人的一部分,它是人类的"①。舒尔茨论证了人力资本计算对劳动者进行教育投资推动了经济增长,② 并且分析了人力资本的成因,指出教育及投资回报率在经济发展中发挥的作用。

加里·贝克尔(Gary S. Becker)、雅各布·明瑟尔(Jacob Mincer)等后续不断丰富人力资本理论。加里·贝克尔等凭借新古典经济学的基本工具,分析人力资本投资原因,对劳动收入分配关系确定借助于人力资本投资收入函数理论,研究人力资本的形成、探索人力资本与国民经济增长的关系,③ 引发了人们对教育的供给和需求的学理性讨论。但是,贝克尔在研究中未能超脱舒尔茨的人力资本概念,并没有对人力资本的本质含义加以探究。爱德华·F. 丹尼森(Edward F. Denison)统计了美国 20 世纪中叶教育促进经济增长的近 30 年的数据,首次使用定量分析法研究人力资本的作用,得出教育在经济增长中的作用为 23%。④ 明瑟尔(Mincer)的主要

---

① 西奥多·W. 舒尔茨. 论人力资本投资 [M]. 吴珠华,等译. 北京:北京经济学院出版社,1990:40.
② SCHULTZ T S. THEODOE W S. Education and economic growth in social foeces influencing American education [M]. Chicago:University of Chicago Press, 2012:56.
③ BECKER G S, Murphy K M, Tamura R. Human capital, fertility, and economic growth [J]. Journal of Political Economy, 1990, 98 (5), 12 - 37.
④ DENISON E F. The sources of economic growth in the United States and the alternatives before us [J]. The Journal of Economic History, 1962, 23 (3), 352 - 362.

贡献是从收入分配和劳动力市场的角度，建构人力资本投资收益率模型，计算人力资本的劳动报酬函数，分析和定量研究人力资本对个体劳动收益影响的问题。① 此外，明瑟尔还提出了人力资本需求变动理论，经济增长结果是人力资本需求的增加。但相对独立的人力资本研究，尚未过多运用到经济增长理论研究当中。

20 世纪 80 年代中后期，罗默儿（Romer）、卢卡斯（Lucas）等经济学家将知识和技术进一步糅合内生成了"新经济增长理论"，把人力资本纳入增长理论模型中，从而丰富了人力资本理论。高质量的人力资本是经济增长的主因，专业知识积累丰富和溢出充实人力资本，伴随劳动和资本要素的投入，实现经济规模递增，推动经济保持增长。结合舒尔茨的人力资本与卡斯特罗的技术进步成为"专业的人力资本"的概念，可以把人力资本与经济增长联系在一起，人力资本投资增长的函数即为经济增长，进而强调经济增长的真正源泉是专业化的人力资本积累。② 从这一视角出发，阐述高等教育供给通过人力资本，对经济增长具有至关重要的影响。

有学者通过搜集学校教育在地域分布上的数据，以及其他与学校教育相关数据，测算 20 世纪 60～90 年代 30 年间 85 个国家的教育基尼系数，得出的结论是，人均 GDP 的增长率与教育不平等程度呈负相关。故而，构建理论模型对于有效探究人力资本在地域上的分配结构，并对其与经济发展的关联发挥作用。加勒（Galor）认为，技术进步对社会平均人力资本水平提高产生积极影响。③ 为优化人力资本结构，国家需要不断加强对劳动者的专业指导。P. B. 费里曼构建人力资本模型，得出的结论是，市场激励在供给弹性上对总体教育人才刺激低于其对专业教育人才的刺激。换句话说，高等教育供给变化跟不上企业对受过高等教育劳动力的需求变化。

---

① MINCER J. Schooling, experience, and earnings [J]. Human Behavior and Social Institutions, 1974 (2): 13.

② CASTELLO A, DOMENECH R. Human capital inequality and economic growth: some new evidence [J]. Economic Journal, 2010, 112: 187 – 200.

③ GALOR D. Income distribution and macroeconomics [J]. The Review of Economic Studies, 1993, 60: 35 – 42.

人力资本对经济转型起到支撑作用。伊丽莎白·圣·乔治（Elizabeth St. George）提出的观点是，人力资本质量水平，即高等教育人才的供给水平，是对经济转型起决定性的因素，经济快速发展间接依靠人才体内蕴藏的人力资本内化，为经济发展提供动能。① 希腊学者何塞·帕斯特（José Pastor）等指出高等教育对于国民经济供给方面的意义，高等教育机构直接增加了可用人力资本在欧盟各个国家的供给存量，间接提升了有效人力资本在欧洲国家的供给量。② 在过去很长一段时间中，高等教育被广泛认为是推动各国发展的重要支柱，因而被视为促进人力资源开发、科技创新和经济发展的有力工具。然而，这种过度重视高等教育的经济功能而忽视高等教育本身发展规律的观念，可能导致功利主义思想的盛行，加速高等教育的过度扩张，进而导致不可持续的泡沫，最终对经济的可持续发展产生负面影响。③

2. 社会经济发展与教育供给关系研究

阿瑟·刘易斯（Arthur Lewis）在其《经济增长理论》一书中，深入探讨了教育供给和社会经济增长之间的相互作用。④ 因为教育需求在不同时期具有不同的特征，所以充分考虑需求因素是教育供给非常必要的一个阶段性因素，马修（Matthew Wiswall）和巴斯特（Basit Zafar）提出了"二元经济"结构理论。⑤ 鉴于受教育的劳动力可以带来较高的生产效率，个人对增加自身的教育要求也随之增多。经济发展越成熟，教育供给越

---

① St. GEORGE E. Positioning higher education for the knowledge based economy [J]. Higher Education, 2006（2）：589-600.

② PASTOR J, Peraita c, Serrano L, et al. Higher education institutions, economic growth and GDP per capital in European Union countries [J]. European Planning Studies, 2018（3）：16-33.

③ LARA J A, LIZCANO D, MARTINEZ M A, et al. A system for knowledge discovery in e-learning environments within the European higher education area：application to student data from open university of Madrid, UDIMA. [J]. Computer and Education, 2014,（1）：23-26.

④ 阿瑟·刘易斯. 经济增长理论 [M]. 梁小民，译. 上海：上海三联书店，上海人民出版社，1994.

⑤ WISWALL M, ZAFAR B. Determinants of college major choice：identification using an information experiment [J]. Review of Economic Studies, 2015, 82（2）：791-824.

平稳。

闵维方在"二元经济"结构理论的指导下,考察不同经济发展阶段个人的教育需求与家庭经济收入水平、教育成本、预期收益等的关联。① 雷切尔·贝克尔(Rachel Baker)指出,学生选择上学与如何择校,考量个人高等教育的实际需求,进而给出高等教育供给计划。② 高校人才供给模式能否与产业经济协调发展,建立在高校人才供需的动态平衡基础上。伯顿·克拉克(Burton Clark)认为,美国高等教育多元化办学模式为产业发展创造了人才供给条件。③ 法国学者法蒂玛·苏莱曼(Fatima Suleman)从就业技能角度阐述了高等教育人才培养模式对社会经济发展的积极影响。④

研究表明,高等教育参与区域经济社会发展事务的重要内容,⑤ 汉诺谢克(E. A. Hanushek)和沃斯曼(L. Woessmann)提出,高等教育是经济增长的重要因素。⑥ 汉诺谢克和沃斯曼系统阐述了教育对国家经济增长的知识资本的重要价值。⑦ 同时,布彭德拉·西他那(Bhupendra Seetanah)等学者基于18个非洲经济体实证高等教育对经济发展影响不大。⑧ 格鲁伯(Gruber)和科萨克(Kosak)研究表明,调整高等教育结构有助于促进经

---

① 闵维方. 高等教育运行机制研究 [M]. 北京:人民教育出版社,2002:441.

② BAKER R. Understanding college students' major choices using social network analysis [J]. Research in Higher Education, 2018, 59 (2):198 – 225.

③ CLARK B. The higher education system:academic organization in cross – national perspective [M]. Los Angeles:Univercity of California Press, 1984:42 – 54.

④ SULEMAN F. The employ-ability skills of higher education graduates:insights into conceptual frameworks and methodological options [J]. Springier Science Business Media B. V. 2017:263 – 268.

⑤ ARBO P, BENNEWORTH P. Understanding the regional contribution of higher education institutions:a literature review [J]. Political Science, 2007 (7):79.

⑥ HANUSHEK E A, WOESSMANN L. Knowledge capital, growth, and the East Asian miracle [J]. Science, 2016 (1):344 – 345.

⑦ HANUSHEK E A, WOESSMANN L. The knowledge capital of nations:education and the economics of growth [M]. Boston:The MIT Press, 2015.

⑧ SEETANAH B, TEEROOVENGADUM V. Does higher education matter in African economic growth:evidence from a PVAR approach [J]. Policy Reviews in Higher Education, 2019, 3 (2):125 – 143.

济发展。① 此外，理查德·马顿（Richard H. Matton）认为，大学对经济增长难以衡量，大学毕业生在受教育地区就业会对该地区的社会经济发展起到作用。② 值得关注的是，解决高等教育供需矛盾必然要精准把握高等教育的特征和性质，便于我们在研究时找准高等教育的供给主体存在的问题，全面了解高等教育供给机制，发现当下高等教育供给方式中的弊端，对找出调节高等教育供需矛盾的有效对策产生重要影响。

3. 高等教育供需关系以及相关研究

1970 年，拉德纳和米勒开创了对美国高等教育供需关系的研究，将高等教育视为特殊产业，并探讨了其"投入—产出"关系。他们发现，在高等教育过程中，学生的投入性供给和劳动力市场需求存在相互影响。③ 萨卡罗普洛斯（G. Psacharopoulos）和桑亚尔（B. C. Sanyal）则对多个国家的高等教育入学率（第一类供需关系）和毕业生失业率（第二类供需关系）进行了相关性研究，结果显示，这两者之间并没有直接的关联性。这表明，扩大高等教育供给以满足更多学生的入学需求，并不会导致毕业生失业率的增加。④

埃斯特拉·詹姆斯（Estella James）对教育需求进行了深入研究。她将教育需求分为超额需求和差异化需求两类，通过对 12 个发达国家和 38 个发展中国家实际教育供给演变过程的观察指出，超额需求、差异化

---

① GRUBER L, KOSACK S. The tertiary tilt: education and inequality in the developing world [J]. World Development, 2014, 54 (2): 253 – 272.
② MATTOON R H. Can higher education foster economic growth? [J]. Chicago Fed Letter, 2006 (8): 4.
③ RADNER R, MILLER L. Demand and supply in U. S. higher education: a progress report [J]. American Economic Review, 1970, 60 (2): 77 – 81. Papers and proceedings of the eighty – second annual Meeting of the American Economic Association, 1970 (5): 326 – 334.
④ PSACHAROPOULOS G, SANYAL B C. Higher education and employment: the IIEP experience in five less developed countries [M]. Paris: IIEP Publishing, 1981.

需求和政策供给是影响私立教育发展的重要因素。[①] 杰克逊（Jackson）和韦瑟斯比（Weathersby）系统分析高等教育需求实证研究，[②] 查尔斯·克洛特费尔特（Charles T. Clotfelter）和迈克尔·罗斯柴尔德（Michael Rothschild）对高等教育供需问题的多重讨论；[③] 詹姆士（James）对教育需求与公立私立教育发展关系的探究等都是此时期的实证研究。[④] 教育的供需的关系具有复杂性，正如约翰·希恩（John Sheehan）所言："教育的供需关系是两个整套复杂机构体制之间的关系，即为教育系统与相对应的社会系统彼此互动所产生的关联。"[⑤]

专业结构决定了高等教育的人才培养结构，在一定程度上反映需求结构。保罗·温道夫（Paul Windolf）比较了美国、日本和德国的高等教育在不同阶段呈现的特征，对高等教育规模和结构的直接关系有了进一步的认识：高等教育规模与结构之间存在复杂关系，规模的扩大直接推动了结构的升级，而结构的升级又反作用于规模，加速了其扩张。具体到专业上，学生专业选择以就业市场为依据，在受到外部市场经济影响后大学供给规模扩大的决定条件是其对学生专业偏好变动的适应力。[⑥]托尼·比彻（Tony Becher）和莫里斯·科根（Maurice Kogan）认为，人才培养应该重视市场经济对专业能力和技能的现实需求，面对多样化复杂化的需求模式，应当制定相应的专业组合、技能组合来满足复合型岗位的人力资本需要，专业结构和课程改革是优化人才培养的长期有效路径。[⑦] 约翰·R. 格雷厄姆

[①] ESTELLA J. Why do different countries choose a different public – private mix of educational service [J]. Journal of Human Resources, 1993, 28 (3)：571 – 592.

[②] JACKSON G A, WEATHERSBY G B. Individual demand for higher education：a review and analysis of recent empirical studies [J]. Journal of Higher Education, 1975, 46 (6)：623 – 652.

[③] Clotfelter C T, Rothschild M. Studies of supply and demand in higher education [M]. Chicago：The University of Chicago Press, 1993.

[④] JAMES E. Why do different countries choose a different public – private mix of educational services [J]. Journal of Human Resources, 1993, 28 (3)：571 – 592.

[⑤] 约翰·希恩. 教育经济学 [M]. 北京：教育科学出版社, 1981：12.

[⑥] WINDOLF P. Expansion and structural change：higher education in Germany, the United States and Japan, 1870 – 1990 [M]. Oxford：Westview Press, 1997：37.

[⑦] BECHER T, KOGAN M. Process and structure in higher education [M]. London：Routledge, 1992：96.

（John R. Graham）等学者调查表明，就业机会与教育背景不符合，将引发教育需求与劳动力市场供给错位。①

总而言之，笔者通过大量收集、整理、解读教育供需关系的相关研究成果，进一步展开对以往高等教育供需研究的讨论，对比分析高等教育供需基本方法，整体把握高等教育供需主要研究观点，论证关于高等教育供需的结论正确与否，试图精准勾勒高等教育供需属性，充分把握高等教育供需相互间的本质特征，另辟蹊径提出新的研究思路，提出新的更为有效的标准和对策，找出更适合中国国情的高等教育发展路径和模式。

（三）国内外研究述评

据相关文献可知，现存有关高等教育供需问题的国内外研究成果硕果累累，然未成体系，研究过于分散琐碎，知识创造呈现非积累性增长，未能在相对一致的话语体系和框架下进行相关研究。国内外研究的共性在于碎片化、技术化的研究对"核心纲领"的架构并无帮助，使这一领域的研究缺乏内核与整体性，导致呈现为分散在各个子问题中的"碎片式"研究。国内外研究的缺漏或许与该领域在理论建设上尚无特定学科和知识归属，以及交叉领域研究尚不成熟有关，具体来说，学界研究对探索高等教育供需规律并思考背后的根源积累了丰富的经验素材，但仍在整体性、关注点、方法论、策略等方面存在不足。

第一，高等教育供需系统的整体性把握有待加强。在分析高等教育供需矛盾时，缺乏对研究对象的系统分析，大多是针对某一个方面进行讨论，如就供给侧研究供给端，需要考虑需求侧的要求。缺乏对教育政策、教育目标和方针、财政投入力度、教育的经济效益、法律制度的监督机制，以及管理协调机制等综合层面的深入研究。

第二，高等教育供需中观、微观层面的实证研究有待充实。国内实证

---

① GRAHAM J R, SHIER M L, EISENSTAT M. Misalignment between post‐secondary education demand and labour market supply: preliminary insight from young adults on the evolving school to work transition [J]. International Journal for Educationl and Vocational Guidance, 2014, 14 (2): 3.

研究多数集中于宏观层面的资料搜集和评估数据，缺少更深层面的研究，从而影响有关文献可能产生的实际政策价值。从表现形式上看，高等教育供需结构矛盾和高等教育质量矛盾的内容划分还不够清晰和细致，教育结构供需矛盾体现在教育空间结构、层次结构、科类结构；教育质量供需矛盾体现在师资力量、人才培养质量、治理水平。现有研究对这些因素尚未进行细致而综合的考虑。

第三，马克思主义供需理论基础和方法研究有待加强。探究高等教育供需问题，其中具有代表性的是马克思主义供需理论、马克思主义教育思想，马克思主义中国化高等教育供给质量目前还缺乏完整性和实质性的理论内容，可以开辟新的研究路径，至少"供需适配理论"为相关研究提供了直接而有力的理论支持。国内外学者集中运用理论研究、实证研究两种基本方法，高等教育研究对事实和价值相结合的方法论仍有待开发。以往探究事实和意义出现"两张皮"现象颇多，实证研究多数是对数据统计和对经验材料的诠释，而理论研究又经常缺乏周密的科学论证，更无从谈到多元方法论逻辑。这在一定程度上影响了论证的科学性及深度。

第四，高等教育供需系统综合协调的均衡机制有待探究。探索更为有效的实践路径和找到一种长效机制成为解决供需矛盾、促进供需平衡的着力点，这也是既往研究的薄弱点，至今仍未找到优化高等教育供给质量的行之有效的措施和方法。

综上所述，高等教育供给质量相关研究不应仅停留于表面和对单一学科的研究，纵向深入推进交叉学科和深层面的探索，从高等教育供需整体性、宽领域、多学科、均衡性上实现突破，利用创新性思维方式找到多学科交叉的研究方法，构建完整的马克思主义供需理论体系，借助"大数据"完成经验知识的积累，完善以马克思主义基本理论、根本理念为引导的人文精神相交融的高等教育供给质量研究新框架。

三、研究思路与研究方法

(一) 研究思路

本书以"新时代中国高等教育供给质量"为主要研究对象,以"新时代"为研究背景,基于马克思主义基本立场、观点和方法,深刻阐述了在新时代不断提升中国高等教育供给质量的重要价值与路径选择,为丰富"教育供给侧结构性改革"提出设想。基于这样的认识和定义,本书确定了具体的研究思路。

第一,对中国高等教育供给质量的相关概念的概述,对核心概念进行界定,指出了新时代中国高等教育供给质量的三个主要内容。追溯中国高等教育供给质量理论基础。梳理中国高等教育供给质量的理论基础,帮助我们更好地理解新时代中国高等教育供给质量在传承以往思想精髓的同时也融入了新的时代元素,展现新的时代内涵。从现代强国、民族复兴、人民需求三个角度探讨了高等教育供给质量优化价值功能。

第二,探索高等教育供给质量优化可操作路径。根据中国高等教育现代化道路的目标任务与新内涵,归纳高等教育供给质量存在的难题,在管理体制上供给理念偏离、法律体系不健全引发的供给管理矛盾,因有效供给不足和高等教育资源配置不公导致的困境。针对这些挑战,我们必须努力明确高等教育管理的责任边界,扩大高等教育供给规模,并相应地调整其结构。

(二) 研究方法

1. 文献综合法

收集和掌握更为充实的与高等教育供给质量相关的研究资料,厘清高等教育供给与高等教育需求之间的关系,系统研读高等教育供给质量的基本理论、运行机制，分析高等教育供需矛盾存在的供给结构、供给规模等方面的问题根源，整体把握高等教育供给质量发展进程，规避对高等教育供给质量优化的片面解读，尽可能地还原高等教育供给质量理论研究的真实面貌。

2. 逻辑演绎法

在对高等教育高质量发展、高等教育供给质量进行分析时，运用从一般到特殊的演绎分析法。先从发展、高质量发展及教育高质量发展，分析高等教育高质量发展的内涵，充分把握高等教育供给质量的属性。在分析高等教育供给质量优化时，运用演绎分析法，依照"教育供给—教育供给侧改革—高等教育供给质量"的思路进行。

3. 历史分析方法

本书运用马克思主义历史观的基本立场、观点，以动态、发展的眼光来看待新中国成立以来中国高等教育的发展状况，厘清中国高等教育供给质量的优势和不足，有助于进一步提出有针对性的对策措施。在高等教育供给侧困境的原因分析中，使用历史分析法来分析高等教育管理体制变迁的路径依赖机制。

4. 实证分析方法

研究中国高等教育供给质量的发展进程，需要很多实证资料和数据，这是分析教育供需实现程度的依据。因此，必须对这些资料和数据进行论证，才能更好地发现问题、分析问题、解决问题。

5. 跨学科研究法

社会中的事物相互关联形成错综复杂的联系，系统性是事物的特性，研究某一事物不能割裂其与其他事物之间的系统性。解决教育供需矛盾其实质就是该系统完善和优化的过程。高等教育关乎国计民生，涉及的对象和与之产生联系的事情诸多，显然从某一学科寻求良方未免顾此失彼，本着综合、全面地研究问题的治学态度，通过多种学科的融合，系统性分析高等教育供给质量中的难题，以求探寻到更具有效性、可操作性的建议和对策。

四、创新与不足之处

（一）创新之处

本书以"新时代中国高等教育供给质量"为研究对象，重点运用比较研究与系统分析相结合的研究方法，对中国高等教育供给质量实践问题进行研究，相较学界已有的研究成果，在研究视角和理论观点方面或有创新。

1. 选题视角方面或有创新

高等教育现代化是中国式现代化的重要组成部分，加快推进高等教育现代化对于强国建设具有重要价值。现有学术成果对新时代中国高等教育供给质量缺乏相对比较全面、系统的研究，现有学术成果还存在研究深度和学理性的不足。同时，研究视野不够开阔，对于高等教育供给质量界定相对零散、碎片，对于一些问题的解决仍需充分挖掘深层原因，现阶段对于新时代中国高等教育供给质量的系统研究在学术界相对较少。

2. 学术观点方面或有创新

本书结合现有研究成果，将中国高等教育供给质量综合性划分为供给管理、供给规模、供给结构三个组成部分，并全面考察新时代中国高等教育供给质量的新内涵与面临的挑战，系统地提出高等教育供给质量优化的对策与措施。

3. 系统调节机制或有创新

新时代中国高等教育供给质量优化，强调服务国家战略和经济社会发展的重要使命，以经济社会发展、行业要求为依据，需要通过资源配置方式调整、治理体系改革与评价机制升级，建立与新发展阶段相适应的现代化人才培养体系，尽可能满足市场与社会对拔尖人才和科研创新需求，提高高等教育服务国家和区域经济社会发展水平。

（二）不足之处

对中国高等教育供给质量进行综合研究存在较大难度。高等教育供给质量涉及变量众多，牵扯内容庞杂，对高等教育管理体制研究涉及政治制度、经济制度等多方面，高等教育质量层级和区域结构的多样性更应实地调查、走访调研，才能贴合当前中国高等教育实际。本书缺乏强有力的实证研究为支撑，对相关数据的收集整理还远达不到圆满完成该项研究的实际需要，对中国高等教育供给质量面临的挑战与短板缺少实证分析，造成对中国高等教育供给质量的翔实度把握还不够高，降低了说服力。

第二章　新时代中国高等教育供给质量的基本理论

科学内涵的解读是理论研究的逻辑起点，对高等教育供给质量的基本内涵作出系统的研判和解读，成为高等教育高质量发展问题研究的重要议题，那么如何解读与诠释相关概念便成为基础性研究的切入点。本章主要探讨教育高质量发展是什么、高等教育高质量发展是什么、高等教育供给质量与之有何种关系等一系列基本问题，进而探讨关于中国高等教育供给质量优化的必要性相关问题，为后续历史梳理和分析挑战作好铺垫。高等教育供给质量是评价国家高等教育发展水平的重要指标。高等教育现代化是中国式现代化的重要组成部分，加快推进高等教育现代化对于国家建设具有重要价值。新时代高等教育供给质量不断提升以实现高等教育现代化为终极目标，为国家治理现代化提供了指引，构成了本书对高等教育供给质量优化研究的理论基础。

第一节　相关概念的界定

高质量发展是全面建设社会主义现代化国家的首要任务。以生产能力作为显著标志的高质量发展，取决于劳动力、资本、技术水平等要素的充分利用。同时，劳动力、资本、技术水平又是高等教育产品的最终形式。

因此，高等教育是构建新发展格局的重要介质，更是整个教育体系的高端和龙头，其发展高度在某种程度上代表着国家发展的高度。国家高度重视高等教育的发展工程，《中国教育现代化2035》强调"教育高质量发展"，第十四个五年规划提出"建设高质量教育体系"，党的二十大报告提出"高质量发展是全面建设社会主义现代化国家的首要任务"。高等教育发展程度不断塑造国家发展新动能、新优势，这意味着对高等教育不断提出更新、更高的要求。考察高等教育供给质量，要厘清教育高质量发展以及其与高等教育供给质量相关术语的基本含义，厘清"高等教育内涵式发展""高等教育高水平发展"与高等教育供给质量之间的区别和联系，以便深入理解"高等教育高质量发展"的价值意蕴。

一、教育高质量发展

为满足新时代对教育发展的新要求，我们切入教育发展的问题和矛盾点，并提出教育高质量发展的重要地位，架构一个与教育、科技、人才三大战略要素密切关联的有机整体，作为高质量发展的战略支撑。高质量发展必须通过知识、科技创新作用于实体产业当中，促成创新成果价值转化，从而成为经济社会发展的推动力，最终完成这一过程需要高素质劳动者，特别是拔尖创新人才。教学科研是创新驱动发展提供人才支持和知识贡献的有效方式，是造就高质量人力资源的基础。

1. 发展的内涵

"发展"是指随着人类运动实践的过程而不断拓展，表示由旧质到新质的动态运动变化过程。① 只有在"认明事物的基本原因后，才能说知道了这事物"②，发展是事物自身实现目标的过程。不同学科对"发展"的诠

---

① 中国社会科学院语言研究所词典编辑室. 现代汉语词典［M］. 7版. 北京：商务印书馆，2016：352.
② 亚里士多德. 形而上学［M］. 吴寿彭，译. 北京：商务印书馆，1996：6.

释不同。哲学层面的"发展"是指事物由旧到新、从低到高的运动变化趋势，以及从整体上把握物质世界运动的规律。历史层面的"发展"是指遵循客观事物的一般规律趋向更高级的演进。经济层面的"发展"，在20世纪60年代以前指的是"增长"，包括数量上和质量上的提高；20世纪70年代，经济学家对发展有了进一步认识，发展不只是数量的增长，还需要在经济增长中发生质的变化。① 显而易见，"发展"概念的界定因学科不同而动态变化，"发展是具体的、历史的，具有鲜明的时代属性和时代烙印"②。

基于对历史和现实生活的总结，发展的内涵日臻完善，它可以用来诠释人类经济社会的不断变迁。迈克尔·托达罗（Michael P. Todaro）理解的发展，是指社会通过综合社会、经济、制度中的有利要素的手段获取美好生活，不仅是物质现实，更是精神状态。③ 这就意味着发展是良性的增长，既有数量的增加，又有质量的提高。正如西蒙·史密斯·库兹涅茨（Simon Smith Kuznets）描述，一个国家的经济增长是指通过改进技术、调整制度、变革意识形态的手段，保持获取经济商品的能力不断增长，并向其民众供应日益增多的商品种类。④ 所以，经济增长并不是单一生产要素的增加，而是包括科学技术、要素组合、思想文化等在内的多种因素的综合推动。中国学者刘森林认为，发展特指在现代价值的预设前提下，蕴含某种方向性价值，事物趋向更好的目标方向。⑤ 发展是伴随生产要素量的持续增长引发质变的价值增值的运动变化过程。就教育而言，发展不拒绝教育内在要求，发展教育必须实现一种更高的教育，意味着推进教育对人的幸福的追求与贡献。

---

① 马春文. 发展经济学［M］. 3版. 北京：高等教育出版社，2010：14.
② 韩喜平，王晓慧. 21世纪中国马克思主义政治经济学的建构［J］. 治理现代化研究，2019（1）：25.
③ 齐良书. 发展经济学［M］. 北京：中国发展出版社，2002：22.
④ 诺贝尔经济学奖金获得者演讲集［M］. 北京：中国社会科学出版社，1986：97.
⑤ 刘森林. 发展哲学引论［M］. 广州：广东人民出版社，2000：5.

2. 质量的内涵

质量是"质"与"量"的统一，呈现事物的根本属性、发展水平。"量"是由事物积累程度所呈现出的特定水平或者程度，是其基本特性；"质"是判定一事物区别于他事物的根本特质，是主体对事物的价值判断。量与质的不同之处在于：某物的量发生变化在一定范围内不影响某物之为某物，而某物的质一旦蜕变，就不再是某物。质量是对事物本身的规定，还有事物完成或实现自身的程度。因为需求增长刺激产品使用价值提升，质量是指以产品、服务和体系为组成部分构成事物本身所固有的特性，且能满足主体需求所达到的某种程度。① 上述可得，质量是指事物固有特性满足人们的外显要求或潜在需求的程度，② 事关价值的实现与满足，实质是一种价值判断。

质量是特定预期的匹配度，它反映的是特定产品和服务达到和（或）超过顾客预期的程度。③ 教育质量存在客观尺度，教育质量是教育产品、教育服务和教育体系内涵的价值和特征，能够不同程度上满足社会主体对教育的需求层次。

3. 高质量发展阐释

"发展"是实现高质量的手段，强调高质量是为了实现更好的发展。"高质量"和"发展"之间是相辅相成的内在联结。经济发展一直是国家建设的关键，特别是党的十八大之后，更加重视以新发展理念引领经济发展，精准判断已转向高质量发展的经济时段。党的二十大报告阐释通过全面提高人才自主培养质量，从而加快建设高质量教育体系，凸显我们对高等教育需求比以往任何时候都更加迫切。高等教育发展的高度决定国家发展的高度，"高质量发展"集中概括了未来中国经济发展的基本方向，以

---

① 易先群，段一中，黎司明. 质量学概论 [M]. 北京：中国质检出版社，2012：3.
② 贾佳. 高等教育质量：观念演进与行动契合 [D]. 湘潭：湖南科技大学学位论文，2016：7.
③ 彭拥军，巩雪. 高等教育高质量发展的逻辑 [J]. 江苏高教，2022（10）：9-16.

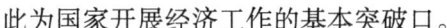

此为国家开展经济工作的基本突破口。

为确保经济发展沿着正确轨道运行，便要求我们深刻认识和把握高质量发展的基本内涵和主要特征。目前，关于高质量发展内涵，主要从以下三个方面理解。

（1）从新时代社会主要矛盾的视角，观照高质量发展的内涵。

高培勇认为，在承认高质量发展出现必然性的基础上，通过提高经济发展的质量和效益来适应社会主要矛盾的转变。[①] 金碚从经济学的基础理论说明，高质量发展以取得人民向往生活和经济战略目标为宗旨，[②] 调整经济发展方式，增强经济动力，满足人民群众对美好生活的期望。王军从六个层面生动诠释了高质量发展机理，加强政府对政策协同的调控，逐步深化供给侧结构性改革，提前防范重大金融风险，促进经济健康持续发展，重视生态文明建设，显著改善社会民生。[③]

（2）从新发展理念的角度解读高质量发展的内涵。

高培勇正确解读文件，将高质量发展理解为新发展理念的表征。[④] 任保平、文丰安指出，高质量发展意味着以新发展理念为基本特征实现了人民对美好生活期待。[⑤] 王锋和王瑞琦深入分析新发展理念与高质量发展的关系，后者是前者的理论补充与深化。[⑥] 任保平、李禹墨对高质量发展的理解是创新成为第一动力、产业结构合理、供给有质量、人民对美好生活需要不断得到满足的发展。[⑦]

---

① 高培勇．理解、把握和推动经济高质量发展［J］．经济学动态，2019（8）：3-9．
② 金碚．关于"高质量发展"的经济学研究［J］．中国工业经济，2018（4）：5-18．
③ 王军．准确把握高质量发展的六大内涵［N］．证券日报，2017-12-23（A03）．
④ 高培勇．理解、把握和推动经济高质量发展［J］．经济学动态，2019（8）：3-9．
⑤ 任保平，文丰安．新时代中国高质量发展的判断标准、决定因素与实现途径［J］．改革，2018（4）：5-16．任保平．我国高质量发展的目标要求和重点［J］．红旗文摘，2018（24）：21-23．
⑥ 王锋，王瑞琦．中国经济高质量发展研究进展［J］．当代经济管理，2021（2）：1-10．
⑦ 任保平，李禹墨．新时代我国高质量发展评判体系的构建及其转型路径［J］．陕西师范大学学报（哲学社会科学版），2018（3）：105-113．

（3）基于效率的角度把握高质量发展的内蕴。

杨三省强调的高质量发展偏重于如何"高"，主要呈现为少量投入生产要素、高效率配置资源、资源环境成本低、取得好的经济社会效益。① 李伟从整个经济循环进程来理解高质量发展，经过资源配置、产品供给、需求规模到收入分配环节的高标准来实现。② 刘鹤将宏观和微观相结合，综合性把握高质量发展，立足保护人民利益来增强经济发展的稳定性，以创新驱动打造富有竞争力的企业，紧抓供给侧结构性改革，加快构建新发展格局。③

学界对高质量发展概念基于多维度综合层面来界定，高质量发展的本质特征具有多维性和丰富性，④ 高质量发展是以满足人民日益增长的美好生活需要为目的，"全面体现和落实新发展理念，加速提升产品服务质量，收获更大的社会经济效益"⑤。一般来说，高质量标准随着社会需求而变动，高质量发展是以新发展理念为指导的社会发展方式的全面转变，更是各领域各行业质量、效率的提升和结构的优化，最终目的是满足人民美好生活的需要。狭义而言，理解高质量发展应以变革为着力点，调整发展理念，利用创新驱动扭转经济发展方式，提质增效与变革"两手抓"。

4. 教育高质量发展的时代内涵

教育是个体作为社会人顺利摆脱困境，有效开展社会活动的工具。"教育使年轻人能够很快系统熟悉整个生产系统，将使他们能够根据社会需要或者他们自己的爱好，轮流从一个生产部门转到另一个生产部门。"⑥

---

① 杨三省. 推动高质量发展的内涵和路径［N］. 陕西日报，2018-05-23（11）.
② 李伟. 高质量发展究竟"什么样儿"［N］. 联合时报，2018-03-02（4）.
③ 刘鹤. 必须实现高质量发展［N］. 人民日报，2021-11-24（6）.
④ 金碚. 关于"高质量发展"的经济学研究［J］. 中国工业经济，2018（4）：5-18.
⑤ 王彩霞. 新时代高质量发展的理论要义与实践路径［J］. 生产力研究，2018（10）：20.
⑥ 中共中央马克思恩格斯列宁斯大林著作编译局. 马克思恩格斯选集：第1卷［M］. 北京：人民出版社，2012：308.

教育的目的是使人成为"才能得到全面的发展、能够通晓整个生产系统的人"①。于光远认为，教育即为对社会现象认知的统一体。② 金鑫认为，教育牵扯到的社会对象多而广，形成一种复杂多变的社会现象，进而论述了作为社会产物的教育的特性，探究教育与其他社会事务或对象之间的活动对社会发展产生的价值，证实教育在社会发展中的地位。③ 教育通过历代人对知识的传承，使知识内化为一种改变和提升能力的动力，借助人的具体社会行为推动人类社会不断发展进步。

教育是国之大计，影响国家长治久安，甚至决定民族复兴。高质量教育不但凸显个体追求的内在精神成长、追求美好生活的主体价值，而且将教育成果作用于生产力转化为社会价值，促使社会中的政治、经济等部分迈向新的台阶。教育与社会有内在依存关系，教育自然会受到外部因素影响，保持系统内外结构平衡、优势互补的均衡状态，顺利实现教育高质量发展。高质量教育是教育主体对教育质量较为满意的价值判断。④ 从功能标准来看，教育的本原是立人，高质量教育不仅帮助个体满足实现生命本质的需求，也追求能满足为社会输入高素质人才的需求，还要实现建成人类命运共同体需求。从价值标准来看，教育在高质量发展环境下，更加看重立德树人的价值引导，更加重视人的全面发展的根本标准，更加强调质量和公平的融合。从方法标准来讲，教育的人民立场是社会主义办教育的本质特征，教育的出发点和落脚点都是人，满足人的需求是衡量教育高质量发展的先决条件。新时代教育质量评估监测系统以适切为评价取向，保障教育机会和教育资源的充沛，持续提高教育产品和服务的质量，最终实现人民群众的自由得到全面充分的发展。综上所述，所谓教育高质量发展应当包含遵循规律的要求、回归本真的要求、主体满意度的要求、服务美好的要求。

---

① 中共中央马克思恩格斯列宁斯大林著作编译局. 马克思恩格斯选集：第1卷 [M]. 北京：人民出版社，2012：308.
② 于光远. 我的教育思想 [M]. 苏州：苏州大学出版社，2000：5.
③ 金鑫. 中国共产党领导高等教育历史轨迹及发展优势研究 [D]. 长春：吉林大学学位论文，2019：12.
④ 吴晓蓉，胡甜. 教育高质量发展：内涵、标准及实践 [J]. 教育与经济，2022（2）：28-34.

二、高等教育高质量发展

推进高等教育高质量发展,是新时代实施科教兴国战略的战略性安排。高等教育发展水平是度量国家发展程度和发展潜力的重要标识。高等教育占据国民教育的高端位置,构成教育的重要组成部分。高等教育是指在完成高级中等教育基础上实施的教育,办好高等教育是发展中国教育事业的关键。① 高等教育以培养具有创新精神与实践能力的高级专门人才为纲领,发展科学技术文化,促进社会主义现代化建设。② 教育的初衷在于促进人的发展,"高等教育既是一种人才培养的社会活动,又是一种让人成为人的精神活动"③。高质量发展成为中国较长时段的社会发展主题,牵涉整个中国特色社会主义现代化建设大局。④ 高等教育高质量发展以国际最高水平、最先进状态为目标体系,契合经济社会发展需求、高等教育自身发展和人才培养规律的客观要求,以实现人自由全面的扩展为核心,⑤ 强化与提高现代化人才培养,适应新时代发展需要的高等教育发展方式。⑥

从数量到质量的转变标志着发展的方式走向现代化,现代化的过程不仅包含经济社会的现代化,同样也意味着人的现代化。高等教育的高质量发展主要体现在高等教育内部结构系统的调整,进一步优化系统内部各个要素和关联机制的协调运作,⑦ 最终实现社会发展进步和人的全面发展的初衷。高等教育高质量发展是高等教育系统内,外部各种要素和机制的优

---

① 王凌皓. 中外教育史 [M]. 长春:东北师范大学出版社,2002:195.
② 中华人民共和国高等教育法 [EB/OL]. (2004 – 07 – 13) [2018 – 03 – 21]. http://old.moe.gov.cn/publicfiles/business/htmlfiles/moe/moe_619/200407/1311.html.
③ 王建华. 高等教育适应论的省思 [J]. 高等教育研究,2014 (8):1 – 7.
④ 坚定不移走高质量发展之路 [N]. 人民日报,2021 – 03 – 10 (1).
⑤ 王建华. 什么是高等教育高质量发展 [J]. 中国高教研究,2021 (6):20.
⑥ 蒋凯,杨体荣. 高等教育高质量发展的内涵辨析与实现路径 [J]. 当代教育与文化,2021 (5):1 – 10,125.
⑦ 郑文龙,欧阳光华. 高等教育高质量发展:内涵、挑战与路径 [J]. 现代教育管理,2022 (6):46 – 53.

化与协调发展,不但对大学系统外部的制度供给与资源供给给予充分满足,而且是大学治理体系与治理能力的现代化转变,在服务层面上,旨在建立能够满足人民群众日益增长的对更高质量、更加公平、更有效率的高等教育需求,其最突出的特征是从以往注重高等教育"量"的增长转向"质"的提升。① 高质量发展绝不是仅致力于高等教育质量。在现实层面上,高等教育高质量发展不仅注重数量上的增加,即各层次、类型的高等教育供给,而且应关注质量的提升,也应该在高质量目标上下功夫,即树立高等教育质量观念、调整高等教育结构、提升人才培养效率,本质目的在于满足经济社会与个体发展对高等教育逐渐增强的多元多向的高质量要求。

中国高等教育的发展必须兼具高速增长和高质量发展两个方面。然而,两者之间的区别在于:高速增长更加关注规模数量的扩张,倾向外部规模的扩大,而高质量发展则注重内部结构的要素,专注内部结构的优化和调整。在价值取向层面上,高速增长追求的是工具性价值,以规模扩大和数量增加为目标,而高质量发展则注重系统升级和结构优化,强调本质性价值。此外,高速增长是高质量发展的基础。虽然高速经济增长与高质量发展之间无法等量齐观,但高质量发展需要以较高速度地持续增加物质产品和服务供给作为支撑。因此,高质量发展以高速增长为基础,二者共同构成同一事物的不同发展阶段。②

内涵式发展与高质量发展均是以提升质量为目的的发展方式。差别在于以下两个方面:第一,就发展的本质而言,内涵式发展是与外延式发展相对应的一组概念,内涵式发展是以质量或质量提升为中心,不在乎规模的扩张,而高质量发展则是质量与数量都有高要求的模式。第二,从发展的方式而言,高等教育内涵式发展是以充实或增加内涵的方式来发展高等

---

① 贺祖斌. 论高等教育高质量发展的十大要点 [J]. 高校教育管理, 2020 (5):42-48.
② 逄锦聚,林岗,杨瑞龙,等. 促进经济高质量发展笔谈 [J]. 经济学动态, 2019 (7):3-19.

教育的缩略语。① 高等教育高质量发展则是利用调整高等教育内部系统结构、协调高等教育组织关系、调配教育资源要素、优化高等教育管理机制等方式，从整体上提高高等教育质量发展进程。

总而言之，高等教育高质量发展定义为融合特色性、质量性、需求性为一体的教育发展模式、理念，② 注重内涵发展的新要求，③ 以提升人的综合素养为核心目标，采取优化和协调影响高等教育系统和学科组织的要素和机制的形式，以较大强度持续增加物质产品和提高服务供给质量作为支撑，可持续性地满足社会主体不同层次的教育需求，最终实现高等教育整体质量的提升。

三、高等教育供给质量

教育供给的内涵是"提供一定质量和数量的各类专门人才和一般教育程度的劳动力"④，或"由各级各类教育机构提供给学生受教育的机会"⑤。在本真寻求和过程思维基础上，教育供给的内涵一般指在阶段性的时空条件下，公共部门和私人部门为不同社会主体的发展而提供的教育理念、教育制度、教育资源、教育基础设施等相关支持。⑥ 教育需求是一定教育供给禀赋下，各主体对教育有支付能力的需求，既包括个体对教育机会的需求，学校对教育资源、制度、理念等的需求，也包括市场对教育产品，如人才、技术等的需求。供给质量的好坏直接影响教育供给的发展进程，其目的是促进学生知识和能力的全面发展。

---

① 别敦荣. 论高等教育内涵式发展 [J]. 中国高教研究，2018 (6)：6 - 14.
② 钟晓敏. 论新时代高等教育与高质量发展的实现路径 [J]. 中国大学教学，2020 (4)：50 - 53.
③ 黄洪玉，姚玉香. 质量革命：新时代高等教育高质量发展的战略 [J]. 现代教育管理，2020 (12)：7 - 14.
④ 顾明远. 教育大辞典 [M]. 上海：上海教育出版社，1992：225.
⑤ 范先佐. 范先佐自选集 [M]. 武汉：华中师范大学出版社，2012：375.
⑥ 张旸. 新时代高等教育供给的实践逻辑 [J]. 内蒙古社会科学（汉文版），2018 (5)：156 - 160.

高等教育代表国家软实力，国家或地区高等教育水平直接反映国家发展程度。高等教育质量，尤其是高等教育供给质量，要确定"有坐标"的高水平发展进位。高等教育供给是指既能提供高等教育机会，又能保障劳动市场需求的人力资源供给，主要通过给个人或者社会组织提供相应培训服务，向社会输出和供应其所需的拥有智慧技能的劳动力、超前的科研成果。① 高等教育不仅能够挖掘个体潜能开发为人力资本，而且能够推进文明传承和科学进步。换言之，高等教育"为社会、个人提供精神财富和智力性劳动"②。高等教育供给主体的多元性是指高等教育的供给是一个多元化的系统，涉及各个社会领域。政府作为高等教育的主要监管部门，具有重要作用。但是随着社会办学者的不断增多，以及个人对高等教育的投资和参与程度的加深，高等教育的供给主体也日益多样化。教育培养单位作为高等教育的主要提供者，追求优质的高等教育资源和服务。在当今的社会和经济发展背景下，高等教育的产品和服务对于个体和群体都显得尤为重要。因此，高等教育供给主体的多元化将有助于满足多方主体对高等教育的需求，促进高等教育事业的可持续发展。

供给质量是供给主体向社会需求主体提供的符合时代标准的供给产品和服务，社会需求主体根据供给产品和服务所具有的层次、水平和标准进行质量的衡量，其中主观的满意度也是重要的评价依据。教育体系凭借处理多种关系将各类要素链接，迅速对外界变动做出内部调整。③ 教育供给的质量直接受到教育体制和教育资源分配方式的约束，二者的低效会使教育系统的自身反馈机制失灵，对外界社会的进步没办法做出及时的调整，从而造成教育有效供给的滞后。在长期的发展中，由于高等教育供给的滞后发展，社会主体对优质化、个性化、多样化的高等教育需求与现有供给体系产生矛盾。这种矛盾集中体现在高等教育质量和结构等方面的不充

---

① 周树蕃，刘俊学，曹执令. 高等教育供求分析：与肖昊同志商榷 [J]. 建材高教理论与实践，1997 (2)：50 - 51.
② 肖昊. 高等教育供求的几个理论问题 [J]. 建材高教理论与实践，1996 (4)：31 - 32.
③ 雅基·西蒙，热拉尔·勒萨热. 法国国民教育的组织与管理 [M]. 安延，译. 北京：教育科学出版社，2007：319.

分、不均衡发展。在以往教育领域的研究中,学者们往往将目光放在高等教育的需求上,认为需求的复杂化和多元化是高等教育领域应该着重考虑的问题,而忽略了现有高等教育供给存在的不足,忽视了供给发展不平衡有可能带来的供需匹配问题。

本书将供给端和需求端相结合,主动进行提升供给质量和调整供给结构改革,而不是对主体需求的被动满足。高等教育供给质量优化从高等教育供给端的内部机制结构进行调整,逐步优化高等教育供给中被挤占的供给空间的要素配置,快速应答外部社会对教育提出的新期盼,增强高等教育供给效率,促进中国文化的创新和富厚。

总而言之,高等教育供给质量优化是为了进一步解决教育公平问题和人才培养质量问题,以及教育供给动力不足的难题,以提升教育供给质量和效率为核心,通过优化教育资源配置和创新教育体制机制,激活教育活力和实现动力机制转换,突破教育供需深层次管理困境,以教育供给创新引领教育需求升级良性发展的变革实践。

第二节 中国高等教育供给质量的主要内容

建设教育强国和实现中国式现代化均对高等教育发展不断提出新的要求、增添新的内涵。然而,中国高等教育供给质量面临的主要矛盾是教育供给管理、供给规模、教育供给结构无法与日益升级的教育需求结构相适切,高等教育供给质量适应性和灵活性比较低。在顺应新形势、解决新问题中立足于供给端进行高等教育供给侧结构性改革,逐层深入改革教育管理体制、保障教育供给规模和调整教育供给结构,可以达到教育供给质量的可持续优化。在世界最大规模的教育体系基础上,建设高质量教育体系,必然引发高等教育发展方位的变化,高等教育高质量发展内在要求高等教育供给质量的增强,顺势触发教育供给质量内部组成要素的内涵之变。

一、高等教育供给管理

高等教育供给管理是在高等教育发展中,以政府、高校与社会组织为管理主体的职能确立和保证高校正常运转的机构设置、运行机制的总称。高等教育供给管理在某种程度上就是高等教育管理体制,囊括机构设置、职能定位、权责划分、机制运行的系统化的高等教育管理工程。[1] 换句话说,即高等教育管理体制事关政府对高校的管理职能和管理方式,事关高校内部权力配置及其运行方式。推进高等教育治理体系和治理能力现代化是其管理体制改革新目标,实现高等教育治理现代化需要持续不断地扫除体制机制的障碍,党的十九大报告重点强调,"不断推进国家治理体系和治理能力现代化,坚决破除一切不合时宜的思想观念和体制机制弊端"[2]。时代的变迁指引着体制的换挡,高等教育事业的发展与经济体制的发展互相依赖,高等教育管理体制变革的主要动力为适应中国经济体制发展。因此,应逐步深入对高等教育管理体制改革,实现高等教育良性有序发展。

我国现有的高等教育管理体制还存在很多问题,出现治理制度不健全、法治体系不完善、治理手段单调等弊端,这些问题已经严重制约了中国高等教育的国际化进程。中国高等教育管理体制改革与经济社会发展始终要保持步调一致,同时不可忽视育人为本的教育价值理念,破除制约高等教育管理体制改革的文化理念限制,通过科学的决策体制和完善的高校办学自主权法治建设,优化教育管理结构,正确协调利益主体冲突,推进教育管理信息化,走出一条符合时代发展、地域特色、人文内涵的中国高等教育管理体制改革创新之路。

---

[1] 马景惠. 政事分开视角下的中国高等教育管理体制改革研究[D]. 长春:吉林大学学位论文,2014:26.
[2] 习近平. 决胜全面建成小康社会 夺取新时代中国特色社会主义伟大胜利[M]. 北京:人民出版社,2017:21.

二、高等教育供给规模

供给规模是指在某一既定时期内,因政策和经济社会发展变化,供给主体为满足某种需求而产生的商品数量,供给主体计划并能够产出的量等于需求数量。① 同时,供给数量会受不同时期制度供给和供给理念的变化而产生波动。教育供给是指"一定社会为了培养各种熟练劳动力和专门人才,促进经济、社会和个体发展,而由各级各类教育机构提供给学生受教育的机会"②,在教育供给的整个过程中,包括教育起点、教育过程、教育结果三个阶段,教育为不同需求的主体提供教育机会、教育服务和教育产品,其中以人力资源和科研技术为主。这些教育机会、服务和产品的数量便是教育供给数量的表现形式。

高等教育供给规模是在一定时期内,因为适应国家政策和社会经济发展变化,高等院校为满足人民受教育机会、建设国家所需要的高端专业技术人才和科学研究成果,更好地服务社会发展需要的教育服务,在一定的教育方针指导下绘制的一整套的从上而下的教育规划,其中包括各大高校招生计划、学科专业人才数量等。国家或地区发展水平越高,其专业人才数量和科学技术成果越丰富,专业人才的培养和科学技术的研究主要阵地在高等学校,在一定程度上,可以说,高等教育供给数量庞大而高质量,为高等教育新发展奠定基础。全面推动高等教育高质量发展,既准确调控好高等教育供给规模,也可不断创新其供给模式,夯实高等教育新发展基础。

三、高等教育供给结构

高等教育供给结构是指各个供给要素之间的关联形式,以及各组成部

---

① 张旸,吴婷婷. 我国义务教育供给的变迁研究 [J]. 现代教育管理,2020 (12):35-41.
② 范先佐. 范先佐自选集 [M]. 武汉:华中师范大学出版社,2012:375.

分间的排列和组合式样，由地域布局结构、层次结构、科类结构、类型结构四个层面构成，是高等教育供给体系的结构构架。① 在教育经济学视域下，高等教育供给结构有内、外两大结构，教育供给内部结构是指高等教育内部各组成部分间的比例关系，一般包括学科专业结构、课程结构、队伍结构等；教育供给外部结构则是以国家、高校为主体的教育供给主体为满足不同需求主体的需求所进行的教育要素资源分配比例的划分所形成的不同组成部分，主要包括层次结构、科类结构、类型结构、管理体制结构、形式结构、地域结构等。②

高等教育供求关系是高等教育社会适应性之关键所在，结构性问题又是高等教育供求关系中最突出的问题。③ 高等教育的最大弱项之一是结构性失衡，改善供给结构是高等教育供给侧结构性改革的主要任务和最大难点。④ 在调整和优化结构的同时，很有必要对高等教育的结构进行前瞻性预判，增强供给结构对需求变化适应的同时，更好地完成高等教育的供给对需求应有的导向作用。高等教育供给外部结构的改革和优化目的在于，针对性处理高等教育与经济社会及人的发展结构相适应，并具有一定的超前性和引领性的问题。高等教育内部结构的优化和升级以解决高等院校内部从"有学上"到"上好学"的境遇为目的，内外兼顾地调整和优化各相关资源配置，适当保持高等教育供给对需求的引领，向新时代高等教育实现高质量发展迈进。

---

① 何晓芳，迟景明. 我国高等教育结构形成与演进机理的要素分析［J］. 高等教育研究，2018（11）：20-24.
② 郝克明，王永铨. 中国高等教育结构研究［M］. 北京：人民教育出版社，1987：3.
③ 王旭辉. 我国高等教育若干典型供求关系研究［J］. 中国高教研究，2016（1）：21.
④ 刘思含. 省域高等教育供给侧结构性改革的时代诉求与实施路径［J］. 现代教育管理，2018（10）：64-68.

第三节　中国高等教育供给质量的理论基础

一、马克思主义教育思想

马克思主义教育思想是由马克思、恩格斯在对资产阶级教育理论成果的批判中逐步形成和发展起来的，借助辩证唯物主义和历史唯物主义世界观探究教育问题，系统、科学地诠释了教育的基本问题，陆续产生了针对教育的一系列科学理论，主要包括人的自由全面发展理论、教育促进社会生产学说、教育的社会、经济、思想等理论，构成了较为科学的马克思主义教育思想理论体系。

首先，人的自由全面发展理论是马克思主义教育思想的主题。人的本质属性决定了人的活动离不开社会，这是理解人的全面发展思想的前提。人的全面发展不仅是指人的德智体美劳等各方面能力的协调发展，而且是指实现整个人类社会的和谐发展。马克思针对资本主义条件下片面发展的现实，根据机器大生产和社会分工的特点，提出了人的全面发展思想。为适应大工业的发展走向，综合技术教育成为有效手段，即"生产劳动、智育、体育和综合技术教育结合起来"[①]。教育活动其实就是人的活动，个人发展与社会发展密切联系，接受教育增强了个体与世界的整体实际联系，帮助个人渐进式摆脱民族界限与地域局限，实现个人自由的个性发展，必须使受教育者在现实社会中通过教育掌握生存的知识与技能来实现。可

---

① 中共中央马克思恩格斯列宁斯大林著作编译局. 马克思恩格斯全集：第21卷[M]. 北京：人民出版社，2003：270-271.

见,"只有在社会中并通过社会来获得他们自己的发展"①,教育在人的个性形成中起主导作用。当时机器的发明者大多是未受过高等教育的工匠,在生产劳动中锤炼工业技巧,这就可以理解马克思强调教育促进人的发展,教育与生产劳动相结合是"造就全面发展的人的唯一方法"②。恩格斯发现在工业革命大生产时期,教育能使人更快接受新的生产系统,能较快适应不同部门间的技能转换,摆脱社会分工造成的个人片面性。教育对于人个性的形成非常关键,从道德、智力、技术等诸多层面对人进行教育,才能使人获得充分发展。

其次,教育促进社会生产理论。其一,教育与生产劳动相结合。马克思指出教育对提高劳动能力和改变劳动能力形态起重要作用,阐明了教育与生产劳动相结合可以有效地提高生产力,成为改造现代社会的有效武器。教育促进生产劳动能力的形成,科学知识的积累与传承离不开教育的传承,劳动者将学习到的科学技术转化为实际生产力,不断推动社会生产的发展。生产劳动是人类生存与发展的基础条件,一定社会的劳动能力是劳动者在社会生产中应用的智力和体力的综合能力。劳动能力的高低受个人智慧以及先前经验的影响,技艺或者是经验传授过程实际上就是"教育会生产劳动能力"③。物质技术的创新和劳动力质量的提高都需要教育,而教育能提高劳动生产率,进而转化为社会生产力,促进经济社会发展。其二,马克思、恩格斯对教育与生产劳动关系的探讨。马克思认为,劳动者只有不断接受教育,才能提高劳动技能,实现个人劳动力价值的提高,最终促进社会生产力发展。马克思指出:"生产劳动和教育的早期结合是改造现代社会的最强有力的手段之一。"④ 教育促进科学技术的传承与革新。

---

① 王磊. 马克思恩格斯论道德[M]. 北京:人民出版社,2011:136.
② 中共中央马克思恩格斯列宁斯大林著作编译局. 马克思恩格斯全集:第23卷[M]. 北京:人民出版社,2016:530.
③ 中共中央马克思恩格斯列宁斯大林著作编译局. 马克思恩格斯全集:第33卷[M]. 北京:人民出版社,2004:249.
④ 中共中央马克思恩格斯列宁斯大林著作编译局. 马克思恩格斯选集:第3卷[M]. 北京:人民出版社,2012:377.

教育产品以劳动力为载体,反作用于社会生产,正是因为劳动者在训练中获得一定的技能,[①] 劳动者将创新科学技术投放到产业的生产中,进而推动生产进步,促进经济社会的发展。综合技术教育通过科学技术思想培养出国家经济社会发展所需的人才,人才所具备的知识与能力转化为生产力,进而推动社会生产的进步。

最后,教育经济思想。深入剖析教育与劳动的关系,教育劳动是劳动的构成部分,且能产生物质财富,其存在价值是通过造就兼备文化知识和专业技能的劳动力,将劳动力蕴含的无形资本转换为有形财富。教育是劳动力再生产的必要手段,能够增加劳动力的科技含量。教育能够提升劳动能力的质量和水平。教育劳动能够提升复杂劳动中劳动者的劳动价值,影响社会价值的形成。

二、中国特色社会主义高等教育相关理论

借鉴吸纳马克思主义教育思想,从中国现实国情所需出发,以实现国家富强和民族复兴为己任,形成了中国特色社会主义高等教育理论,为中国高等教育发展提供了理论支撑的同时也指明了前进方向。

1. 毛泽东关于教育的相关理论

毛泽东的教育思想继承了马克思主义教育思想中的主要内容,形成了教育必须实现人的全面发展,教育必须同生产劳动相结合,教育必须为无产阶级政治服务等理论,抓住了教育的核心与本质,是将马克思主义教育思想和中国社会现实结合起来的思想成果。

(1) 教育必须实现人的全面发展。

毛泽东主张,教育必须德智体三育并重。毛泽东曾经发表了德智体三

---

① 中共中央马克思恩格斯列宁斯大林著作编译局. 马克思恩格斯选集:第 2 卷 [M]. 北京:人民出版社,2012:166.

育的文章，道德是人类独有的，人体承载知识和道德，① 依靠道德维系人际关系，显而易见，他阐述了德、智、体三育全面发展的思想。毛泽东曾说道："文化课学好了，到处有用。"② 强调了智育的重要性。他认为，教育的目标应当是培养多方面发展的人才。从品德、智力和体魄等多个方面进行教育，培养"有文化的劳动者"和"社会主义觉悟者"③。他将思想政治及其教育放在首要地位，知识分子和青年都要加强思想政治教育，提升思想和政治觉悟水平，培育为无产阶级革命事业永续奋斗的继承者，为中国特色社会主义事业建设取得伟大成就打下人才基础。

（2）教育必须同生产劳动相结合。

新中国成立后，无论是重工业，还是轻工业的发展，都需要高素质人才，高等教育能够充分激发人的创造力，为国家经济建设的需要培养大批优秀人才。教育为国家经济建设服务，建设共产主义社会离不开教育。该时期教育建设的核心思想便是教育与生产劳动相结合，重视受教育者德智体全面发展，国家对人才的要求除了要掌握文化科学知识外，还要身体健康、思想道德过硬，同时这还是评判建设者的重要指标。

（3）教育必须为无产阶级服务。

无产阶级思想应摆在教育思想的首位。在马克思主义关于教育的阶级性、消灭教育的阶级属性的基础上，毛泽东深刻认识到教育的阶级性，并提出，教育要为无产阶级服务，党要掌握教育事业的领导权，坚定社会主义办学方向和受教育者的立场。新中国遭受到资本主义思想的侵扰，加上国内思想还不够高度统一，党重视对国民的思想教育，毛泽东强调思想教育的重要功能，是"团结全党进行伟大政治斗争的中心环节"④。加强国家的政治意识，保证政治意识的传承，毛泽东强调："追求思想与政治共同进步，青年人需要学习马克思主义，接触时事政治，树立正确的政治观点。"⑤

---

① 徐日辉. 毛泽东早期文稿（1912.8—1920.11）[M]. 长沙：湖南出版社，1990：67.
② 毛泽东. 毛泽东选集：第3卷[M]. 北京：人民出版社，1991：818.
③ 毛泽东. 毛泽东文集：第7卷[M]. 北京：人民出版社，1999：226.
④ 毛泽东. 毛泽东选集：第3卷[M]. 北京：人民出版社，1991：1094.
⑤ 毛泽东. 毛泽东文集：第7卷[M]. 北京：人民出版社，1999：226.

2. 邓小平关于高等教育的相关理论

邓小平重视高等教育服务经济社会的能力。在探讨教育与生产劳动的关系的基础上，进一步深化了对教育与经济社会发展的理解：随着现代经济和技术的飞速发展，对教育质量和效率的要求越来越高。这一现实转变要求我们从教育内容和教学方法的变革上推进教育与生产劳动的创新。[①]因此，教育应当与经济社会发展相适应，不断提高教育的质量和效率，以促进国家经济的发展。在这个过程中，我们还需要创新教育内容和教学方法，使其更好地适应时代的发展和经济社会的需求，进一步推动教育与生产劳动的深度融合。同时提出要尊重知识和人才。随着现代经济的加速发展，人才对生产力提升和经济推动越来越起到关键作用，邓小平曾指出："为了培养社会主义建设需要的合格的人才，我们必须认真研究在新的条件下，如何更好地贯彻教育与生产劳动相结合的方针。"[②] 深化了对教育培养目标的认识。邓小平一贯主张，把教育摆在优先发展的战略位置。改革开放后，经济发展是国家的头等大事，经济发展和国家强大需要人才和技术支撑，突出了教育的重要性，邓小平对各级领导提出"抓好教育工作"[③]，这是基于国家的现实情况提出的要求。高等教育与社会发展息息相关，实现社会主义现代化离不开高校科学技术的支撑，"三个面向"作出科学回答高校办学使命，"四有新人"应答高等教育的目的，高校应加强科学研究工作，服务于现代化建设，这对促进中国高等教育的改革发挥重要的指导作用。加强教师队伍建设。高校的发展离不开教师，培养合格的社会主义人才"关键在教师"[④]。毋庸置疑，培育政治觉悟高、综合素质强的接班人更加需要高素质的教师队伍。倡导社会要尊重教师，营造尊师重教的社会氛围，以激励提升工作动力。

---

① 邓小平. 邓小平文选：第3卷 [M]. 北京：人民出版社，1993：107.
② 中共中央文献研究室. 邓小平论教育 [M]. 北京：人民教育出版社，2004：69.
③ 邓小平. 邓小平文选：第3卷 [M]. 北京：人民出版社，1993：121.
④ 邓小平. 邓小平文选：第2卷 [M]. 北京：人民出版社，1993：107.

3. 江泽民关于高等教育的相关理论

江泽民首次提出了科教兴国的战略方针,明确科技与教育是国家兴衰的中坚力量。明确科技是提高生产力的手段,同样可以理解为科技是第一生产力;发挥教育在民族兴亡中的基础动力作用。科教兴国战略的实施是在国家经济建设进程中,将科技和教育的关键性与基础性统一起来的结合点,将科教兴国上升到国家发展战略的高度。显而易见,科教兴国是中华民族伟大复兴的中流砥柱。江泽民指出,"教育是基础,关系民族振兴、经济发展和社会全面进步"[1]。高等教育作为实施科教兴国的重要环节,必须实现高质量发展。江泽民认为,高等院校是社会发展的"强大生力军"[2],这是对高等院校在经济持续发展中动力价值的深刻领悟,在社会主义现代化建设中占据重要地位。为顺应国际发展形势和实现现代化,他提出全国可以建若干所世界水平的一流大学的要求。因为国家的大学水平是综合国力的重要体现。全面推进素质教育,强调"思想政治素质是最重要的素质"[3],提出了素质教育的基本路径。教育在社会和谐中扮演重要角色,高素质人才支撑社会发展,只要社会向前迈进,就离不开人才的助推,国家兴盛更需要提高全体人民的素质。江泽民指出,教育应当培养全面发展的人,在教育方针的落实上坚持教育和实践相结合服务社会主义建设,"努力造就'有理想、有道德、有文化、有纪律'的,德育、智育、体育、美育等全面发展的社会主义事业建设者和接班人"[4],强调教育在经济社会发展中起到的重要作用。江泽民继承和发展尊师重教理论,教师在教育活动中起主导作用,尊重教师为教育作出的贡献,要提高教师的社会

---

[1] 江泽民文选:第1卷[M].北京:人民出版社,2006:463.
[2] 中共中央文献研究室. 毛泽东 邓小平 江泽民 论教育[M]. 北京:中央文献出版社,2002:264.
[3] 全国教育工作会议在京开幕 江泽民发表重要讲话[EB/OL]. (2011-12-22) [2021-03-06]. http://news.cntv.cn/china/20111222/116294.shtml.
[4] 中共中央文献研究室. 毛泽东 邓小平 江泽民 论教育[M]. 北京:中央文献出版社,2002:276.

地位和改善待遇。

4. 胡锦涛关于高等教育的相关理论

胡锦涛对教育质量的高度重视,源于知识经济时代国家竞争的核心是人才与科技质量,这凸显了提升教育质量的时代紧迫性。该时期,以促进人的全面发展、增强人才对社会需求的适应性为衡量教育质量的根本标准。胡锦涛希冀提高高等教育质量,"不断提高质量,是高等教育的生命线"[①],将高质量贯穿到高校培育人才、探索科学、传承文化创新等各项工作中。为提高社会服务整体水平,提升高等教育国际竞争力,胡锦涛同志曾指出:"加快建设世界一流大学和一流学科,显著增强高等教育国际竞争力。"[②] 面向世界弘扬中华传统文化,打造中国大国形象。为扭转学生创新能力不足的局势,联结教育与社会实践为一体,通过加强劳动教育逐步优化知识结构,着力提升集中学习、实践、创新的综合能力,注重学生的全面发展。高校办学要有特色,不断提升创新能力,知识创新是国际竞争力的核心要素,推进高校协同创新能力,建成一批有特色的国际知名高校。高校始终肩负着培养社会主义建设者的重要任务,发挥其在国家现代化建设、经济发展动力上的重要作用。胡锦涛特别关注大学生的思想政治教育,要求高校要坚持育人为本。教师队伍整体素质为高等教育发展关键,教师为教育事业发展提供后备保障力量。确立了师德建设的新目标,他提出的"四点希望"[③]从职业责任、治学态度、道德品质三个方面明确师德原则。

---

① 胡锦涛. 在庆祝清华大学建校 100 周年大会上的讲话 [N]. 人民日报,2011-04-25(02).
② 胡锦涛. 胡锦涛文选:第3卷 [M]. 北京:人民出版社,2016:420.
③ 胡锦涛. 在全国优秀教师代表座谈会上的讲话 [M]. 北京:人民出版社,2007.

第四节　新时代中国高等教育供给质量优化的价值确认

价值确认是研究的逻辑前提。目前，高等教育面临供给质量与社会需求升级之间无法匹配的矛盾，这已经成为中国高等教育发展的主要问题。其中，尤其突出的是在生产关键技术领域缺乏核心竞争力，导致技术创新相对滞后和自主研发能力不足，使得中国在全球高新科技竞争中处于劣势地位。因此，在高等教育改革过程中，"破解难题、走出困境"是改革的间接逻辑，而"回归根本、追求质量"则是大学发展的内在逻辑，也是供给侧结构性改革必须遵循的基本逻辑。只有通过深化供给侧结构性改革，提高高等教育质量，加强与产业结合的实践，不断推动高等教育创新发展，才能更好地满足社会对高等教育的需求，为中国的经济发展注入新动力。① 因此，时代紧迫和高等教育职能推动高等教育内部要素领域进行全面深化的教育改革，以便提升高等教育供给质量对需求变化的灵活性和适应性，构建引领时代发展与进步的高等教育供给质量。

一、现代化强国对高等教育供给质量提出新标准

加快推进高等教育现代化对现代化强国建设发挥重要作用。高等教育在服务国家战略和经济社会发展中起到基础性、全局性的支撑和引领作用。高等教育是培养拔尖、创新人才的高地，具有得天独厚的学科优势与人才优势，成为引领科技前沿的先锋。结合强国建设目标，高等教育必须为国家建设提供人才保障和智力支撑。高素质劳动力要素的供给对经济长

---

① 李玉华. 我国高等教育供给侧改革研究［J］. 教育探索, 2016 (5): 71 - 76.

期均衡具有重要作用,教育能够提高劳动力供给的质量。① 我国下一阶段的奋斗目标是,"到 2035 年总体实现教育现代化"②,无论从劳动力水平、科技创新能力还是从社会服务质量等众多层面获得极大提升,登上更高端的国家发展阶梯。在全球化进程不断加速和信息技术突飞猛进的背景下,国际竞争的激烈迫使我们必须通过实现科技从模仿到自主创新的跨越,从而提升竞争力。

增强高等教育创新能力,发挥对国家战略科技力量的引擎作用。目前,中国高等教育在科研领域的水平尚未达到国际一流水平,这也意味着中国在技术创新和前沿技术发展方面仍处于跟跑状态,需要加强高等教育的质量提升。在国家面临自身发展和国际竞争的过程中,高质量的人力资源和能力成为至关重要的因素。因此,为了提升国家的综合实力,我们必须采取措施,将教育制度改革与供给侧结构性改革相结合,注重人力资源的升级和创新创业能力的培养。只有这样,才能使中国的教育科研水平与国际先进水平相匹配,实现从"跟跑"到"领跑"的转变。人力资源和技术创新是高等教育供给的核心要素,高等教育处于科技发展和智库建设的战略阵地,创新在社会主义现代化建设中占有重要位置。这表明高等院校在当前及未来,应以主动创新为主要责任,承担基础研究、原始创新和科技自立自强的重大任务。

首先,高等教育在推进创新时需要明确目标和方向。为此,高校需要紧密配合国家科技创新机制的改革,不断调整和深化高等教育人才培养和科研的主攻方向,从而确保能够夯实人才自主培养的基础,加快世界人才中心和创新高地的建设。此外,高等教育也应该坚持四个面向,从人才培养、科研创新、社会服务及文化传承等方面全面推进创新,为国家的发展注入强大的智力和人才资源。其次,提升原始创新能力。面对科技革命和产业变革的机遇与挑战并存的局面,作为基础研究主体的高等院校,承担

---

① 刘世锦. 供给侧改革需要打通要素流动通道 [N]. 经济日报,2016 – 01 – 11 (8).
② 中共中央关于制定国民经济和社会发展第十四个五年规划和二〇三五年远景目标的建议(辅导读本)[M]. 北京:人民出版社,2020:410.

着国家90%以上的基础研究任务,聚焦于人工智能、生命健康、生物育种、空天科技等前沿领域,攻克关键核心技术的卡点和难点,推动战略性新兴产业发展。最后,促进高校与企业的技术创新和联动。企业应积极参与高校科研创新研究,增加对高校科研工程的资金投入,合理组建研发团队,高校可以在国家允许的范围内开放研究成果,打破二者在重点科技领域的机制壁垒。

二、民族复兴对高等教育供给质量提出新要求

民族复兴以高等教育服务经济社会发展水平为支撑。深度推进高等教育普及才能造就大批专门人才,优化高等教育供给结构才能协调市场需求结构,革新高等教育管理体制才能适应经济发展节奏。因此,国家发展潜能与高等教育质量紧密相连。大循环的畅通与发展更需要以高等教育高质量发展为后劲。中国经济发展依托产业持续创新,单纯依靠低端廉价劳动密集型产业发展,缺乏科技创新要素的投入,形成的长期低端供给无法满足市场经济需求,造成国家产业竞争力下降,进而滞缓中国经济发展增速。新时代产业建设摆脱了劳动密集型经济结构实现结构转型升级,更需要大量高素质、高质量人力资本支撑;产业技术更迭需要不断加强高层次创新型人才的培养,激发人才创新活力,亟须数以亿计的高级应用型人才及高质量各行各业的研究型人才。

提升高等教育服务经济社会发展的水平。高等教育助推国家和区域经济社会发展,通过解决重大技术难题,不断突破知识盲区,提升治理水平,借助高等教育与产业市场的良性互动,在培养大批高级专门人才和拔尖创新人才的过程中,助推国家社会经济发展。实现中华民族伟大复兴需要与创新驱动、经济结构、产业升级相适应的高等教育体系,这便对高等教育供给质量提出了新的要求。

其一,紧紧围绕国家重大发展战略。结合国家发展战略目标,明确国家主体功能区定位,参照国家区域发展战略的资源整合逻辑,深刻理解区

域经济社会发展和产业发展规划,以世界一流大学和一流学科建设为引领,协同搭建一批综合性国家科学研究基地,建立多个区域性创新高地,建设高质量的大学科技园区,更好地推进科技创新的发现和突破。其二,深度融合区域经济社会发展。推进高等教育内涵式发展,前提是要遵循区域经济联动发展的客观规律,将高校与区域经济产业融为一体;紧跟区域战略性支柱产业和新兴产业集群发展需要,丰富高等教育结构类型,持续创新办学形式,形成高校优势学科集群;根据不同地区经济社会的发展特征,实现人才培养结构与经济产业结构的契合。其三,构建服务国家发展的高等教育治理体系。高等教育服务民族复兴是一个复杂的系统性工程,针对国家和区域重大战略需求和社会发展变化,不断明确中央与地方政府的职能分工,中央有关部门把握方向,省级政府主导,协力发挥高等教育作用和价值。高等教育管理体制以省级政府为主,省级政府起到上传下引的作用,要持续丰富政策供给,建立新评价体系。其四,建立全面开放的高等教育新格局。高等教育继续发挥提升全民素质、文化传承创新的功效。构建全面的高等教育体系,不仅需要一批一流大学,更需要研究型、技能型教育体系。建立开放的教育制度,搭建多元的高等教育桥梁,打通各类教育机构的沟通、融合渠道,完善行业部门学分互认通道,提供继续教育学习更多的机会。

三、人民对美好生活的向往对高等教育供给质量提出新期待

实现人民美好生活期待的有效途径是高等教育。随着经济发展水平的进一步提升,中国的人口素质显著提升,人民对高等教育的需求层次和内容都出现了不同程度的升级。2021年,中国在高中、大学阶段的毛入学率增长迅速,分别达到91.4%、57.8%。[1] 然而,中国拥有14亿之多的庞大

---

[1] 中华人民共和国教育部. 2021年全国教育事业统计主要结果[EB/OL]. [2022-03-01] [2022-06-20]. http://www.moe.gov.cn/jyb_xwfb/gzdt_gzdt/s5987/202203/t20220301_603262.html.

人口，实现整体国民素质的飞跃绝非易事，何况兼顾结构与质量教育体系的长效发展。中国现阶段高等教育供给还无法满足人民对优质高等教育资源的需求。优质高等教育资源的相对不足使个体对于接受高等教育能够带来更高收入的预期无法实现。在知识经济时代，社会和科技的快速发展对个体的能力提出了更高的要求，人民对高等教育的需求层次和结构发生了变化。人们期望高等教育能够为他们提供更加全面的综合技能与素质，以适应不断变化的社会需求。在这一前提下，高等教育改革应该将更多注意力放在个体的现实需求上，成为个体综合素养和专业能力提升的重要通道，满足人民对于高质量高等教育的迫切需求。

优化高等教育结构，发挥高等教育在新发展格局中的加速作用。高等教育结构优化的目的是解决供给质量不高、效率低下的问题，合理配置劳动力、资本等生产要素，解决供给体制的内部制约，更好地满足个体和家庭对更高质量的高等教育的需求，从整体上提升国民综合素质。随着经济发展格局的不断演变，新型产业集群要想获得更加长远的发展，应提高区域高等教育人才培养的类型、结构、质量。随着收入的增加和教育普及程度加大，人民群众对教育的需求趋向多元化。人民群众对高等教育质量有了更深层次的理解，已不再仅满足于获得大学文凭，而是从增加选择机会的角度，考虑掌握更多的知识和技能。这便对高等教育的布局结构和科类结构提出新的要求。

首先，完善高等教育体系。依据经济社会发展、行业发展、职业要求，制定符合区域经济社会发展的高校办学定位，不断调整高校人才培养目标，合理配置高等教育资源，减少稀缺资源的浪费和无序竞争。其次，优化高等教育学科结构和人才培养结构。高等教育产品的目标是更好地服务社会经济发展，解决就业问题的核心是调整和改革学科专业结构和人才培养结构。为了更好地支持区域经济发展，地方高校应打通产业沟通渠道，及时掌握产业调整信息，预测就业岗位数据，调整高校学科结构，适当扩大或收缩专业招生，合理调动经费投入，完善专业竞争激励机制，不断完善人才培养模式。最后，提高高等教育人才培养质量。服务社会经济发展和提升国民素质是高等教育的重要使命，共同推动人类社会和谐可持续发展。高等教育始终坚持正确的价值理念，以立德树人为根本任务。面对新业态的形成和工业生产方式的变革，适应行业发展趋势，高等教育应当由单一的评价机制转变为多元的评价体系，加大资源配置方式治理的改革。高等教育需要建立多样化的人才培养体系，在传授知识和经验时注重多学科知识交叉整合，注重紧跟学科技术前沿，不断激励、激发学科人才的思维活力，在夯实学生的理论的基础上，创办多样的劳动实践平台和实践基地，逐步丰富学生的实践经验和提高学生的实际操作能力。

第三章　新时代中国高等教育供给质量的目标要求与新内涵

随着中国社会改革发展的逐步深入，人们更加深刻地认识到人才和科技对国家现代化建设和中华民族伟大复兴的重要价值，而高质量的人才资源和高科技创新都需要依靠综合实力强的高校来培养，因此，党和国家越来越重视高等教育质量的持续发展。党的十八大报告提出了高等教育的发展方式转变为内涵式，党的十九大报告明确了提升高等教育发展质量的对策，即实现高等教育的内涵式发展，《中国教育现代化2035》提出"教育高质量发展"，党的二十大报告提出"加快建设高质量教育体系"，由此可见，党和国家对高等教育供给质量的高度重视。高等教育发展水平是衡量一个国家发展潜力和综合实力的重要指标。结合新时代、新征程的使命任务，明确了未来中国高等教育发展的目标和要求，提出了高等教育供给质量的新内涵。

第一节　新时代中国高等教育供给质量优化的目标要求

党的二十大报告提出了"实施科教兴国战略，强化现代化建设人才支撑"，将教育提升到更优先的位置，强调要加快建设教育强国、科技强国、人才强国，要全面提高人才自主培养质量，着力造就拔尖创新人才。在党的二十大精神的指引下,高等教育改革发展明确了行动纲领和前进航标,高等教育高质量发展必须跟随社会发展需要而进行变革,"旨在帮助大学应对激烈的竞争,提高自身内在质量"①。新时代,高质量发展对社会有机组成部分提出了新的要求,增添了新的内容,高等教育作为社会发展不可或缺的组成部分,高质量的高等教育更多体现在供给质量上。因此,基于中国社会经济发展现实和高等教育发展实际,坚持四个面向,对高等教育发展方向进行整体性、系统性规划设计,对高等教育供给质量提出了新要求。

一、以"四新"为突破口,面向世界科技前沿

科技创新是引领社会进步发展的第一动力。目前,在一些关乎国计民生的关键领域的核心技术上,我国还存在比较严重的"卡脖子"问题,特别是与人民群众生命健康相关的尖端医学设备、与粮食安全相关的种业等核心技术还未完全解决。恰逢我国进入"十四五"时期,科技革命与产业革命已在新一轮的竞争中,对高等教育发展提出新要求,高等教育应主动对准科技前沿,重视关键领域,将"四新"建设逐步向深层推进。在全面建设社会主义现代化国家的新起点上,伴随经济体系持续优化升级,中国产业结构依靠的资本和劳动力等逐渐缺少动力,还要遭受因创新能力不足引发的一系列束缚,如缺乏高层次人才、缺少关键核心技术等,迫切需要技术创新和人才红利为经济发展提供动力,这都对高等教育创新驱动发展提出更高要求。高等教育是高层次创新人才培养的主基地,能够源源不断地为经济社会发展提供创新人才和科技成果,通过科技竞争及知识传播提升科研效率,使产业技术得到整体升级,有能力在以创新为驱动的经济发展中发挥重要作用。国家创新能力的提升需要高校的科研人员不间断地突

---

① 中国人民大学课题组. 中国大学怎样规划自己的未来 [N]. 光明日报,2014-05-20 (13).

破关键核心技术，围绕新兴产业技术进一步加强优势学科建设，开拓特色领域，高校与企业协同，加快科技成果转化。

高等教育、技术创新的耦合与产业结构升级保持正相关。科技创新通过科研主体思想启迪进行资源要素重新配置，利用科学研究者蕴藏的创造力实现技术突破与应用，投放到产业的生产链，提升生产效率，引发生产要素的重新聚拢与流动，从而推动产业生产的升级转型。高等教育和科技创新为经济发展提供先进的生产工具和手段，以间接提高劳动力人力资本水平的方式作用于产业结构的优化升级，由劳动者的能力和素质决定社会劳动生产率，推动经济的高质量发展。拥有高端科研人才是科研创新成功的首要条件，高校聚焦学科专业，突破性发展特色学科专业，利用优势学科汇聚的重大科技基础设置和项目建设平台，根据研发领域进行科学研究，给予科学研究适当的政策倾斜和奖励，积极营造青年创新人才生长环境，通过产学研高度融合，将科研技术创新及时融入产业体系，推进科技成果转化。

二、以人力资源充分开发为重点，面向经济主战场

高等教育对经济社会的发展起引领作用。高等院校在科学研究和知识创新中起支撑和先导作用，高校教师取得的科研创新成果促进产业结构升级，同时加速战略性新兴产业的成长。显而易见，经济越来越依赖高等院校。[①] 产业转型升级导致各产业要素的比例结构变动，需要资源的重新配置，这就需要投入的生产要素与产业结构的变动相匹配。产业发展所需的人力、科技等生产要素依赖教育，以教育产品形式供给，高等院校通过加快知识技术进步、劳动力素质的提高、企业家的培养等作用于资本投入、劳动投入和管理水平，持续优化生产要素投入结构。高等教育制度创新和

---

① 谷建春，李明华. 对口·适应·超越：论产业结构与高等教育结构的关系［J］. 中国成人教育，2012（21）：24-27.

突破核心科技难点是高新技术产业发展的先决条件，高新技术产业的发展引起市场需求的变化、产业技术的进步，导致产业结构发生变化。

高等教育与产业结构调整的协调发展实质上是对高等教育人才资源、科技知识创新等要素资源配置方式作出调整和改变，协调高等教育结构，不断适应产业结构变化的需要。一方面，中国出生人口下降幅度较大，短期内出生人口下降趋势无法逆转。高等教育是实现质量型人口红利的关键，根据产业的区域分布适时调整高校的空间结构，推动高校集群化发展，调整科类结构、层次结构培育适宜的多样化、专门化人才，普遍提升人才综合能力，形成新型高质量人口红利。另一方面，高等教育应根据产业结构对人才质量的需求适时调整。国家产业升级需要求高素质人才，也就是说，创新型专业人才更契合国家的长远发展目标，更符合高技术岗位对劳动者能力的要求，提高人口质量能够带来更多人口红利。高等教育根据产业结构优化升级的需要调整人才培养模式和人才培养标准，精准对接产业转型升级所需的尖端人才和高素质的专门技能人才，推进以校企联合培养方式，提高产业结构发展所需要的实践性人才。此外，高校科学研究的覆盖面广泛，为每个领域的前沿探索提供了条件，高等教育的科研生产应当结合产业结构升级的需要作出调整。

三、以改革创新为抓手，面向国家重大需求

（1）高等教育改革的现状要求创新改革思路。改革开放以来，中国高等教育抓住经济体制的改革机遇，全面深入对重要领域和关键环节进行改革，持续对高等教育管理体制和人事制度进行大胆探索和实验，然而，此类改革仍未能突破体系框架的束缚，以及相关利益者的被动性地应对经济社会发展的时代潮流，改革成效不大。聚焦人才强国战略，快速构建世界重要人才中心，创建国家创新高地，深化人才发展体制机制改革，努力培养高水平人才队伍，切实把握战略主动。从供给侧对高等教育进行改革，在高质量发展道路上转变高等教育发展方式，攻克束缚高等教育供给质量

整体提升的障碍,开创高等教育高质量发展的新路径。

(2)高校资源要素的需求离不开社会持续供给。高等教育的持续发展需要外部社会提供必要的教育资源,高等教育规模的扩张必须建立在充足的经济与物质支持的基础上,外延式发展方式则更加依赖经济因素的有效作用。此外,经济社会的发展也依赖高等教育提供人才服务与技术支持,才能支撑社会的快速发展,这是高等教育引发经济因素介入的直接原因。只有社会需求和资源的持续输送,才能满足高校内部发展。高校办学需要向社会汲取自身生存发展所需要的物质资源、人力资源和财务资源,激烈的市场竞争对人才的迫切需求成为生存的首要法则,不能忽视高校与社会普遍联系的客观事实。高校的科技创新和人才优势能够形成产业化和信息化,这恰恰满足了社会发展的需求,从而在社会区域经济发展、产业科技进步和谋求发展的基础上产生互动。高等教育输出的公共产品、培养的人才都直接影响中国经济的发展和人才的供给,直接关系我们国家的兴旺发达和未来发展。高校作为社会的核心力量,能够加强社会体系的健全和完善,同时接受社会体系的适度介入和环境影响。高等教育供给质量优化中的运行方式需要高校与社会的良性互动关系。

四、以提升服务质量为结果,面向人民生命健康

伴随社会发展阶段的更迭,人民群众对高等教育的需求方式趋向多样与高质,继续停留在传统的教学模式上,无法对接市场主体需求。① 在经济供给侧结构性改革的时代背景下,高等教育普遍存在的教学方式单调、学科专业设置重叠、人才培养模式单一等现象,将直接导致高等院校丧失办学特色和社会服务质量的下降,高校转型发展成为当务之急。社会主义中国的显著特征是人民是国家的主人,国家发展以为人民服务为中心,高

---

① 于颖,陈文文. 智慧课堂教学模式的进阶式发展探析[J]. 中国电化教育,2018(11):126-132.

等教育也不例外。对高等教育要求的提升实质上是人民群众对高等教育在供给内容和供给质量需求上的提高。解决高等教育供需矛盾需要从供给侧和需求侧双向发力,以教育供给结构为关键点,调整高等教育人才培养模式,衔接高等教育高质量发展的重点环节,主动适应并引领国家对多样化、高层次人才的需求。

普及化阶段的高等教育要提质增效。伴随高等教育规模的扩张,教育结构未能及时调整,教育质量发展滞后,引发一系列不平衡现象。在高等教育普及化阶段,并不只是满足未获得接受高等教育机会民众的需要,还要保持数量扩张与质量提高的有机统一。① 换句话说,国家要集中力量解决高等教育发展的短板和矛盾,提高高等教育整体办学水平,在保证高等教育增量增质的同时,提高高等教育存量的质量。解决关键问题,创新实践体系和内容方式,抓住产教融合创新,探索多主体协同育人的机制,推进新工科、新医科、新农科建设。解决关键问题,创新招生、培养、保障制度,实施基础学科拔尖人才培养计划。加快推进新文科建设,培养新时代哲学社会科学人才,提升国家软实力。可见,在不断地提高高等教育对经济社会、科学文化的服务力的同时,继续开辟新领域、新赛道。高等教育供给质量调整应与高等教育发展趋势相一致。通过结构路径、技术路径和制度路径作为基本框架和有效整合机制,转变高等教育发展方式。

第二节 新时代中国高等教育供给管理的新内涵

中国式现代化要求实现社会整体的高质量发展,教育对社会发展具有决定性作用,实现教育现代化是实现中国式现代化的基础支撑。高等教育

---

① 别敦荣."双循环"视角下中国高等教育普及化发展的意义[J]. 中国高教研究,2021(5):22-28.

在整个教育体系中处于龙头位置,在一定程度上,高等教育的发展高度代表国家的发展水平。新时代,现代化的实现实质上是高质量发展,时代要求通过提升高等教育质量来完成高等教育现代化的目标,为高等教育供给质量赋予新的内涵。从高等教育供给管理来看,更要坚持正确的改革理念,精准把握高校的职能定位,保障运行机制的高效畅通。

一、坚持正确的改革理念

理念革新是教育改革的先导,大型的教育改革必有与之相适应的新理念。教育理念是对教育的认知、职责、作用等基本问题的认识和看法。不同高教管理主体的价值理念取向对高教管理实践产生不同的影响,高等教育理念根据生成主体的不同,分为国家层面和学校层面。国家层面的高等教育理念对高等教育发展具有导向性,指引革新理念形成。克拉克·克尔(Clark Kerr)指出,"现代大学已经成为多元化的巨型大学,拥有若干目标,并为多种对象服务,以及若干个利益不同,甚至矛盾的社群"[①]。高等教育被赋予国家层面的价值取向,用于指导高等教育的实践操作,以社会能动的实践主体身份存在的高等院校,在实践理念和贯彻理念的过程中,偏离了坚守价值真理的本真要求。

新中国成立至今,中国高等教育管理的价值取向经历理性主义到人本主义的价值理念变迁过程。在计划经济时代,在理性主义价值观念的指导下,中国以效率化、标准化为高等教育管理价值理念,高度统一指令下的科学管理,推动了经济的恢复和发展。在市场经济时代,各种价值观念冲击着理性主义,全方位开放的社会主义事业更加注重人的价值,人的主观能动性的发挥能够创造更多价值,高等教育管理价值转向以人的全面发展为终极目标。高等教育对理性的追求受到社会需求的影响。所以,改革高等教育理念势在必行,这事关高等教育管理体制改革的成败。

---

① 克拉克·克尔. 大学的功用 [M]. 陈学飞,等译. 南昌:江西教育出版社,1993:12.

（1）坚持公共利益取向的教育理念。价值理性是保证理念引领作用的重要前提，公共利益是理念生成的最根本准则。中国独特的国情决定高等院校的办学宗旨，改革高等教育管理体制中资源配置结构，调整资金规划结构和投放金额，惠及更多的社会成员，改革的成果应当由全体社会成员共享。因此，追求公共利益是高等教育管理体制改革的核心价值理念，以此为高校改革的出发点，并作为调和管理主体，追求共同目标的指导原则。《中华人民共和国教育法》第八条规定"教育活动必须符合国家和社会公共利益"。这是由中国的国家性质决定的。受教育权是公民基本权利之一，公共利益以社会群体的存在和发展为前提，是公民个人利益的最终价值取向，代表共同的利益。现实发展要求高校提高社会服务功能，把社会参与作为自身管理改革的重要内容。高等教育的社会服务职能是公共利益至上理念的具体体现。高等教育作为公众受教育权利的组成部分，受教育群体的数量、受教育群体的文化程度都具有社会普及性。因此，公共利益取向的教育理念既能够满足国家利益，又能够满足个人利益的诉求。

（2）坚持质量至上的学习理念。解决高等教育质量层次化发展的途径，除政府统筹外，最重要的是高校的自身定位。质量至上的教育理念源于首次世界高等教育大会的两份重要文件。① 前瞻性地预估未来发展趋势，结合高等院校面临的资源限制和关键问题，将高等教育发展纳入国家发展计划中，提出清晰明确的发展愿景，逐步深化高等教育理念。确立有特色的高质量发展目标。基于高校类型和品质提升的成长周期，教育理念落实中目标的侧重点不同，科研型大学应将更多精力投入学科建设和科研工作，教学型大学则应更加注重人才培养质量；教学型高职院校应更加重视技能的训练和掌握，突破性地发展新兴特色学科专业，融入区域主导产业体系。追求有优势的高水准发展品位。鉴于高校类型的不同，为确保高校的长足有效发展，办学定位上应坚持育人为本，重点突出以需求引导学科

---

① 1998年10月在巴黎召开的首次世界高等教育大会上发表的两份重要文件：一份是《21世纪的高等教育：展望与行动》，另一份是《高等教育改革和发展的优先行动框架》。

专业，以应用指引科学研究，凝练学科专业特色、强化协同育人特色、突出服务社会特色，牢牢扎根中国大地，走一条融合发展的道路。在明确中国高等教育自身在纵向的水平定位和横向的类型定位的基础上，结合国际形势和国内高等教育所处的发展阶段，探索高等院校个性化、差异化发展之路。

（3）坚持政府统筹的办学理念。政府对高等教育的统筹涵盖规划、引导、服务和扶持的完整过程。政府宏观规划高等教育发展规模、质量、结构，明确教育行政部门和人员的责权界限，有序规范教育行政部门与高等院校之间的沟通协调，切实推进管、办、评分离。深化高等教育综合改革，统筹引导高校学科分类，改革高校人才培养模式；合理分配教育资源，协调推进区域经济发展与高校实力提升的耦合，保证支持高等教育高质量发展所需的经费稳定增长；完善高等教育惩治体系，建立政府督导责任机制。培养勇担社会责任的优质人才，满足社会对高质量高等教育不断提高的要求，最终推进教育强国战略的实施。高等教育管理体制改革与权责划分、运行规则等诸多方面相关，需要系统的制度安排，探索各种实现形式。

二、精准把握高校的职能定位

结合中国悠久的历史文化传统的特殊需要，中国高等院校承担"人才培养、科学研究、社会服务、文化传承创新"四项基本职能。跨入新时代的高质量发展阶段，顺应时代新要求的高等院校注重高等教育质量层次，突出以育人为本为宗旨，满足主体对高精尖创新人才的需求，以加强科研成果的输出和转化为手段，最终更好地服务中国式现代化建设的需要。

（1）突出育人为本。高校是培养人才的基地，人才培养是高等教育的根本使命。同时，高校培养的是人才素质，即人格、知识、能力和体质的共同体。换句话说，高校一切工作的中心目标并未脱离其办学宗旨，即造就一大批中国特色社会主义的建设者和接班人。这同样也是中国高校现代化建设的至上原则。那么，如何回归教育本质就显得尤为重要。第一，明确高等教育服务的主体对象是学生。通过高校文化载体和高校学术载体的输入、输出，培养学生个体的健全人格。高校要善于利用互联网平台获取和掌握最新的学科知识，确立个体的发展方向。建立以学生为主的高等教育教学评估体系，把课程选择权、考评授课质量权交到学生手中，确定高等教育教学评估以知识传授、能力提升为主要内容，增强学生的自主选择权和培养复合型知识人才。第二，打造高校"金师"队伍。高校必须不间断地适应社会需要的各类、各层次人才的素质结构和能力需要，提供更好的基础条件，鼓励和培养德才兼备的优秀学者。高校教师和学者走出象牙塔，亲身体验社会需求，提高学者解决实际问题的能力；丰富高校教师和学者的认知观念，以教师的认知经验培养学生创新能力观念，将社会急需的技能传授给学生。

（2）注重科研输出。高校科研人才素质最终决定高校科研成果输出的最大化，是高等教育与社会密切联系的集中体现。高校处于科研竞争的前沿阵地，是国家综合实力的重要标志，并以科技创新驱动经济社会高质量发展。高校科研成果输出的最大化依靠高素质的高校科研管理人才，应鼓励高校教师重点开展推动理论创新和服务经济社会发展的科学研究，支持组建科研部门跨学科的创新团队，将科研管理成果转化到产业实体，加强社会实体企业的技术成果转化平台的推广，通过基础研究与应用研究有效融合实现价值利益最大化。

（3）着眼服务社会。高校在服务社会过程中，需要协调高校、政府、市场的关系。学术作为高校的基础，政府和社会需要保护高校的学术自由和民主管理。行政管理是高校管理效率和运行秩序的基本保障，社会要营造适合学术良性运转的氛围，保障基础设施建设，建立符合现实需要的管理制度。

三、保障运行机制的高效畅通

高校系统的运转不但有赖于建立科学的决策体制，而且需要外部组织机构的运转与内部组织机构的善治。高校内部运行机制是指决策、执行、监督的组织结构,即大学决策联席委员会、校长、学术委员会。高校外部运行机制是指通过市场竞争和行政分配方式获取资金、资源和人才等资源的机制。只有建立科学的决策体制,协调和理顺高校内部关系才能确保高校能够保持高速、高效运行。高等教育管理体制改革依托各种配套运行制度的改进和资源配给机制的供给。

(1) 优化科学的顶层设计。决策体制是决定运行机制是否高效的前提和基础。优化规划科学的顶层设计是在结合高校内部权力运行机制的前提下,探索大学决策体制的范围、决策内容,以及决策实施等活动布局安排,决策的核心与前提决定高校的办学模式和办学水平。决策体制要服务高校的办学定位和大学精神,不断完善高校党委领导下的校长负责制,深化为高校决策联席委员会和校长负责制两个决策体制。决策内容要针对大学办学自主权和办学风格等宏观层面,提升学术水平,体现大学精神。在高校管理制度范围内,配合大学相关章程制定可行的对策,推动制度创新。

(2) 完善结构协调的内部设计。高等教育管理体制改革成功的重要保证在于高校组织结构的协调,行政管理与学术制度的和谐处于结构关系协调的关键环节。大学章程是高校内部管理运行的纲领,肩负制度性规定的具体落实,提供高校管理体制改革的法律依据。通过优化高校内部决策的权力结构,明确各个机构的具体职责,不断加强质量为上的评价制度的落实,保障学术的主导地位。持续完善高校校长负责制,公平处理校务与学术纠纷问题,提升行政管理人员的业务水平和服务意识。

(3) 营造运行高效的外部环境。营造和谐的外部环境不但需要协调政府与高校的关系,而且需要加强高校与社会的关系。处理政府与高校的关系应当重新审视监管与被监管角色定位。为了实现政府监管权与高校自主权之间的适度平衡和职责定位,需要将政府在高校发展过程中的直接监管,转换为契约形式的监管。协调政府与高校的教育行政管理模式。通过调整教育行政管理职能,重视高校的学术独立地位。在调和高校与社会关系时，高校的科技创新和人才优势能够形成产业化和信息化，恰恰满足了社会自身需求，在社会区域经济发展、产业科技进步和谋求发展的基础上产生互动。

第三节 新时代中国高等教育供给规模的新内涵

普及化高等教育在规模扩大的基础上更需要新的质量内涵。知识创新深刻决定社会生产力的持续发展，持续冲破科技瓶颈、不断培育创新人才、保持活跃的创造动力，以人的现代化反哺社会、经济发展，高等教育兼顾社会发展与个人发展，从而对整个社会的发展方式转变起到引导作用。在普及阶段的高等教育应实现高质量发展，强调多样性和个性化，满足多样化学生群体的个性发展需求，既要有高质量的师资队伍，多渠道的学生集群来源，又要有多样化的课程体系，从输入环节和过程环节保障教育质量。在普及阶段的高等教育的高质量发展，应强调适应性和全面化，要回应对多元利益相关者的价值诉求，并努力达成一种平衡，[①]应在宏观制度调控机制、多主体的评估机制等方面加以改变。高等教育供给质量保障既要内部质量来保障体系的多样化，又要外部质量来保障体系的稳定性。

一、优化师生队伍质量的保障机制

（1）构建高质量的师资队伍。高校质量很大程度上取决于教师质量，无论从教师的培养、聘任，还是考评环节，严格保证高质量的师资队伍。

---

① 钟秉林."十四五"期间我国高等教育发展的基础与关键[J]. 河北师范大学学报（教育科学版），2021（1）：1-8.

富有教学研究经验的教授对新入职教师进行教学经验的传授,通过组织教学观摩和培训形式渐进式渗透,掌握现代信息技术高效地运转高校课堂。为了促进高校间教师的流动,将教师社会贡献引入考评标准中,逐渐建立短聘、续聘及终身聘任的多种形式聘任模式,激励高校教师科教能力提升。

(2)开拓多渠道的学生集群来源。学生群体的质量是高校高质量发展的基础。中国高考制度延续分数决定论,招生标准比较单一,应依据学生的能力合理搭配高校的类型和层次。通过高质量生源的选拔,提高高校生源质量,高校在实际办学过程中,开展高校与高中学校的良性互动,高中提供学生的综合素质情况和成绩状态,高校审核筛选出符合高校办学特色的学生,制定多样化的学生选拔标准,指引高中生的发展规划;高校接受高中学校专业设置建议,合理调整高校专业结构,不断创新高校人才培养模式。

(3)创新多样化的课程体系。高校在学科专业设定时,充分考量市场产业发展趋于交叉综合的走向,借助生态进退机制挑选和改进传统专业,促进不同学科间融合内洽,及时掌握市场信息,以便灵活把握专业发展方向。高校适当增加通识课程的学分,增加学生自主选择专业的权利,允许学生跨专业选修课程,加大实践活动的量化赋分比例,档案记录学生成长过程,逐步完善学分认证制度。

二、完善资源合理配置的调控机制

(1)建立政府统筹资源配置机制。区域经济发展水平直接投射在高等教育空间结构上,并引发不协调,调控教育资源流动方向和搭配所需的比例,由财政部门协调管理。明确政府在高等教育资源配置中总量增长的责任,中央政府要向地方高校提供充分的财政支持,加大财政转移支付力度,地方政府依据当地的经济发展情况提供必要的财政支持。

(2)适度引入市场互补机制,积极扩大资源配置渠道。不断扩大的高等教育的规模需要，以充足的经费存量作为保障，目前，中国高等教育的发展主要依靠政府财政支持，明显增加了高等教育发展压力，一旦政府的财政供给出现紧缩或断裂，高等教育就无法保证正常独立运转。在高等教育经费资源配置过程中引入市场机制，推进经费来源的多元化。政府引导社会力量参与高校建设，可以利用适当的激励举措吸引企业或有一定经济实力的个人，如高校基本设施建设或科研设备投入可以通过招商投标的方式来承办，利用降低税收的方法鼓励企业或个人对高校投资。这样可以为高校建设和发展筹措更充足的资金，提高高等教育资源的自供能力。

（3）扩大高校办学自主权，强化高等教育法律制度保障。保证高等教育质量持续的提升，需要丰厚的物质基础和独立的办学权，现阶段高等教育发展严重受资金的限制，从法律法规的约束上，保障政府和社会力量的支持尤为必要。落实高校办学自主权，从政策保障方面落实政府及相关部门的职责，从法律层面规范约制师生行为，加强教学方式和学生评价方面的多样化，进行多层次学位授予，落实高等院校自主办学地位方面的权利责任，多措并举解决高等教育管理体制问题。

三、健全高等教育的质量评估机制

完善人才培养多样化的评价标准。社会经济的高质量发展需要人才类型取向多样化，复合型人才具有创新精神和实践能力，从事各类工作的劳动者都需要接受高等教育，因此，不同类型的高校应建立不同的人才培养标准，负责培养适应普及化教育的各类人才，突破形成高校的多元化的质量评估标准。利用评估小组科学地评估高校的办学水平，依据评估结果及时反馈高校管理中的问题，强化薄弱高校的办学水平和办学质量，以指标为牵引提升高校行政管理效率。

第四节　新时代中国高等教育供给结构的新内涵

理解高等教育供给结构的内涵是理论研究的首要准备。高质量高等教育体系建设目标的实现更需进一步优化高等教育结构，要进一步认识影响高等教育系统的各种因素，剖析高等教育系统在结构组成、运行产出及发展变革等方面的机制，并优化配置校内外资源，促进其和谐发展。高等教育供给结构关涉高等教育的类型与层次结构，均衡高等院校各层次和类型占比，协调社会发展水平所需的服务和产品，调和高等院校与社会需求主体间的冲突。合乎高质量发展的高等教育供给结构不仅构建与区域人口相适应的地域结构，还要建设与产业结构、经济发展、国家建设相衔接的学科专业结构、类型结构和层次结构。

一、高等教育布局结构与区域人口分布相适切

高等教育布局结构的合理性直接影响高等教育事业的发展，并制约经济社会发展的速度。高等教育布局结构主要指高等院校组成要素的空间分配情况，其本质是一定时空内高等教育与经济社会发展的关系状态，[①] 经济与人口问题交织在一起，人口素质反映地区，甚至国家的经济水平，已经成为新形势下影响高等教育地域布局的复杂因素。可以说，离开社会人口问题探讨高等教育空间布局问题毫无意义。优化高等教育布局结构需要平衡区域间高等教育的优质资源配置，纵深增强各地区高校在造就高层次人才方面的整体实力，兼顾地方特色，建设一流大学，协调提升地方综合

---

① 刘国瑞. 我国高等教育空间布局的演进特征与发展趋势 [J]. 高等教育研究，2019 (9)：1-9.

实力与国家综合实力。

人口素质是影响区域高等教育发展的一个重要因素。"世界教育发展的地域不平衡直接受到经济地域发展不平衡和人口分布不平衡的影响,教育发展与经济发展、人口状况在发展水平上具有地域分布不平衡的一致性、相关性。"① 人口规模与分布是确定教育结构的重要依据。新时代高等教育空间布局不均衡问题显著,在很大程度上阻碍高等教育集群力量对产业经济发展的助推作用的发挥。新时代,中国应遵循高等教育"以人为本"的原则,整体加大中西部高校建设力度,促进区域高等教育资源公平配置,携手振兴中西部地区的高等教育事业,成为优化调整高等教育地域结构的重要途径,建成可适性较高的高等院校布局体系。

二、高等教育层次结构与创新型国家建设相协调

高等教育层次结构是依据不同的教育程度和类别需求,形成的高等院校纵横交错的层类间的关系构成状态。② 不同程度和要求反映了高等教育中各层次间的相互关系和组合方式,加快推进"双一流"建设,形成层次多样的人才培养体系,合理制订各层次教育人才的培养目标,让各层次高等教育充足,挖掘其对经济社会的助推潜能。高等教育可持续发展的关键在于其层次结构的提升。③

普及化阶段中国博士毕业生人数仍然短缺。近年来,中国博士毕业生人数一直呈上升趋势,但中国研究生规模依然不足,博士生的存量与经济发展水平不相匹配,与高端技术领域创新发展的人才需求差距巨大。据2016年中国教育统计年鉴显示,在校研究生为191.14万人,占总在校生

---

① 罗明东. 教育地理学 [M]. 昆明:云南大学出版社,2003:115-116.
② 郝克明. 中国高等教育结构研究 [M]. 北京:人民教育出版社,1987:23.
③ 高文豪,崔盛. 普及化阶段高等教育层次结构调整的国际借鉴 [J]. 大学教育科学,2021 (1):111-119.

比是5.5%；在校本科生为1856.02万人，占总在校生比是53.8%。① 可见，中国研究生数量不多，特别是博士生数量尤为稀缺。2020年中国获得博士学位的人数共计66176人，与14亿多人口相比，博士学历人数较少。

经济转型升级必将拉动高等教育层次的升级。行业、企业对知识创新和拔尖人才的依赖增加，社会各方对高精尖人才的需求不断增大，对其质量也提出了更高的要求。中国经济已经进入增速变化、结构升级和动力转变的新常态，经济供给侧结构性改革特别强调劳动力、创新等要素对实现经济中长期增长的价值。新经济的发展要求源头知识创新，要求尖端技术创新，要求高效应用创新，以实现高层次、高质量创新。发展高新技术产业和现代服务业，以创新驱动促进产业结构转型升级，高等教育层次结构必须进行相应调整。② 未来中国高级技工缺口高达上千万人，尤其是现代制造业等领域高端领军技能人才稀缺，将成为制造业转型升级的一大瓶颈，阻碍中国从制造大国向制造强国的转变。

因此，中国需要根据经济社会的发展调整高等教育的层次结构，明确高等教育各个层次的比例和重点。在加快"双一流"建设的同时，以直接服务区域经济社会发展为目的，大力举办融职业教育、高等教育和继续教育于一体的新型大学，培育社会发展急需的人才。

三、高等教育学科结构与现代化产业结构相匹配

（1）适当的高等教育学科结构促进产业结构升级。高等教育学科结构是各类学科相互关联，以及各自地位的构成状态。③ 学科交叉在科技创新中起驱动作用，学科交叉有利于知识多维度地扩展性发展，更加丰富学科理论体系，引导专业人才的培育向全方位生长，不断突破科学知识的边

---

① 申怡，夏建国. 论我国高等教育的"不平衡不充分"及其破解路径［J］. 中国高等教育，2018（1）：10-12.
② 袁广林. 视野下高等教育结构性改革［J］. 国家教育行政学院学报，2016（6）：15-22.
③ 谢维和，文雯，李乐夫. 中国高等教育大众化进程中的结构分析：1998—2004年的实证研究［M］. 北京：教育科学出版社，2007：13.

界。科学技术成果有效转化率有待提高,专业人才适应新兴产业需求度亟待提升,多学科融合转变是大势所趋。据现有调研证实,中国高等教育科类结构落后于产业结构与就业结构,市场需求尚未有效转化为促进科类结构变革的现实力量。[①] 因此,高等教育的学科专业结构必须做出相应调整,以服务现代产业。经济结构的核心是产业结构,产业结构调整必然带来技术结构和就业结构的变化,从而直接影响人才的需求结构。高等教育学科专业结构决定人才专业结构。现代高等教育发展与经济社会发展彼此作用,产业结构的变动或经济增速的变化,引发毕业生就业人数的波动,只有不断协调科类结构,才能提升与产业结构的匹配度。[②] 因此,产业结构对高等教育的学科专业结构发展方向起引导作用。

(2)增强高校科类结构与产业结构的耦合协调度。高校应掌握产业结构动向,以质量发展为导向,鼓励学科知识的交融创新,大力扶持和发展特色学科群,对接区域产业需求端,突破产业在科技领域的难点、卡点。具体而言,高等院校应当走在时代和科学知识创新发展的前沿,高等院校能够找准科学发展方位,及时追踪和掌握到领先科技知识,推动学科间的融会贯通,打破学科理论的僵化局面,促进学科朝着综合性、多样化发展变化,构建创新学科体系,灵活调整学科的进化生态机制,淘汰落后的学科专业,建立适度超前的新兴学科专业,重视应用学科专业的发展,架构新的学科专业集群,有效对接产业生产研发链条的高等教育学科专业结构。

四、高等教育类型结构与经济战略需求相契合

(1)走出"同质化"人才培养方式的误区。由于各地区高等教育发展存在差异性,导致高校无法按照同一标准建立科学的分类体系。因此,各

---

① 岳昌君,周丽萍. 适应经济发展水平的高等教育结构调整:中美比较的视角 [J]. 山东高等教育,2017(5):18-34.
② 马廷奇. 高等教育如何适应新常态 [J]. 高等教育研究,2015(3):6-10.

地政府应根据国家战略和地方的区域发展功能,结合经济转型发展和产业结构转型升级实际,对照当地教育诉求和教育发展阶段,对高校进行分类。高等教育类型与结构被视为高等教育的办学形式,可划分为学术研究、应用研究、应用技术和应用技能四种类型。① 调整高等教育类型结构,分类别、有重点地建设高校,科学搭配不同类型高等院校比例,政府根据区域内不同类型和层次高等院校学术水平和人才培养定位,制定不同的管理政策,协同国民力量,引导各类高校特色发展,并对不同类型的高校采取不同的评估体系和评价标准。

(2)经济结构变化引导高等院校类型选择。经济社会发展不仅需要勇于创新的基础学科和高新技术研究人才,也需要视野开阔的经营管理人才,以及善于将新成果转化为新产品的应用型人才,更需要直接服务于社会的具有熟练技术技能的实用型人才。经济结构的核心是产业结构,新兴产业结构调整依靠精尖人才和尖端科技,高新科技需要与不同的高等院校类型相匹配。高等教育在保留传统应用性的前提下,还应适应科技、产业发展,以及产业分工从价值链中低端向中高端转变的人才需求变化,不断提升自我适应的调节能力。全面深度融入经济社会发展和产业升级,必须调整国家和地方高等院校类型结构,推动一批地方本科高校加快转型发展,积极发展本科层次的职业教育,使普通高等教育与职业高等教育的人才培养比例更加合理,为产业提质转型、经济高质量发展提供人才支撑和技术成果。

---

① 金一鸣. 中国教育类别与结构的研究[M]. 上海:上海教育出版社,1999:218.

第四章 新时代中国高等教育供给质量提升的困境与挑战

新中国成立以来,中国高等教育无论是在办学规模,还是在培养质量和服务能力上,都完成了历史性的跨越。高等教育与中华民族伟大复兴同行,取得了历史性成就。中国高等教育整体水平进入世界第一方阵,医科、工科、农科的水平都进入世界前列,新增劳动力人口的教育水平进一步提升。同时,中国高等教育存在人才培养质量整体水平不高、创新型人才缺乏、关键领域的核心技术尚未突破的短板。此外,区域高等教育发展不协调,中西部高等教育面临基础条件、发展模式、政策支持等各种难题。新的历史时期,"高等教育供求关系是高等教育社会适应性的核心问题"①,推进中国式现代化迫切需要中国高等教育改革发展,但是高校在应对自身变革需求、社会经济发展需求、人民群众优质多元需求时所具有的能力较差。本书系统梳理新中国成立以来七十多年高等教育供给质量的提高过程,重新思考新时代高等教育供给质量的新任务,剖析新中国成立以来高等教育供给质量不断提升的原因,进一步总结"十四五"时期高等教育供给质量调整面临的阻力和优势,扎根中国大地不断开辟发展新赛道,为新时代中国高等教育供给质量优化提供一定的经验。

---

① 王旭辉. 我国高等教育若干典型供求关系研究 [J]. 中国高教研究,2016 (1):21.

第一节　新时代中国高等教育供给管理面临的困境

高等教育供给管理改革在政策支持下取得了长足进步。社会加速前进的脚步使人们逐渐认识到人才的重要性，而高质量的人才依靠生态良好的高校供给，因此，国家越来越重视高等教育的质量。高等教育的质量与高等教育管理体制密切相关，虽然中国对高等教育管理体制进行了很多改革，但是我们必须清醒地认识到，高等教育供给管理仍存在一些问题，并且管理体制中的这些问题严重制约了中国高等教育现代化发展。全面认识中国高等教育管理体制症结，高等教育管理体制矛盾集中表现为四个方面：高校价值理念受到市场功利化侵蚀，高等教育自主管理权落实不到位，高等教育法治体系还不够完备，高校的质量评估与反馈机制沟通不畅。深刻反思高等教育发展进程中的不足与困境，有助于合理地解决高等教育高质量发展的问题。

一、高校的价值理念受市场化的侵蚀

（1）高等教育的社会服务职能深入发展，凸显其社会工具化倾向。高等教育的价值衡量标准是服务主体的满意程度，尤其是受教育者的需求的满意程度最为突出，以需求满足作为考量标准的工具，受教育者应满足社会对人才的需求，如果忽视教育内容和方式是否符合受教育者需要，那么高等教育对社会需求与发展的批判性与主动性会逐渐丧失。理想的高等教育应当在坚守学术价值和学术自由的真理探索基础上，以满足科学技术和经济发展的需求为基石。社会理念的演变决定社会发展方向，主体需求的差异最终形成了相同教育时段，高等教育价值取向的差异性。但是在现实中，高等教育受市场功利化的侵蚀，面对的权利冲突和利益矛盾较多，高校依照市场劳动力需求订单式培养,还有高校教师科学技能创新的物质化,高等教育对本真价值的追求因物化而受到阻隔。

(2) 教育工具价值取向控制下的教育本体的丧失。教育追求经济价值取向的偏差,导致教育本体独立创造性的缺失。过度片面地重视高等教育发展速度,无法避免高等教育出现极端功利化倾向。市场化的运作渗入高校的办学理念中,高校的教育就会完全以市场化的需求来运行。高校现行资源配置模式以政府为主导,接受行政化管理模式,按照上级行政部门要求进行专业设置、人才培养,有时会导致高校办学未能遵从教育规律,带有功利化色彩。高校学科建设极端化,重视理工科发展而忽略人文学科,专业基础不能实现协调发展,导致学科结构不均衡。人才培养体系与就业结构挂钩,二者的发展失衡引发失业率上升。高校毕业生就业率以就业、市场为导向,围绕经济社会发展方向,向社会提供人才资源,提供个人价值展现平台,但是将高校毕业生就业率与专业招生发展挂钩,一味依据市场职业需求状况改革课程设置和人才培养方式,将导致人才培养质量的失重。受教育者屈从于社会需求,选取专业上更加倾向于薪资待遇需求,导致个人的人性化发展得不到社会价值认同。"实际上,随着成本分担中受教育者支出的不断增加,高等教育已经不再是公共福利,而逐渐演变为消费产品。"[1] 社会或市场的无序带动了高等教育发展的错位,由此造成了高等教育自身结构的畸形。

(3) 社会价值取向主导下的个人价值的缺失。教育价值取向的真正意义在于改变社会成员的自然状态,继承先人的文化成果,真正地担当社会主体职能。高校教师重视知识更新和科研创新带来的利益,导致高等教育功利化倾向的出现。高等院校为了追求科研资金与名誉实力的双重提高,其主要发展目标将放在科研项目上,高校教师违背了科学研究的客观规律,催化科研成果的速成,抛弃科研本质,导致学用脱节的不良学风,远

---

[1] DILL D D. Will market competition assure academic quality: an analysis of UK and USA experience [J]. Quality Assurance in Higher Education, 2007, 20: 47-72.

离了学术研究的真实目的，滞缓了科学研究在创新实用轨道上的进度。高校将职称评聘、业绩考核等工作与科研成果挂钩，导致一些高校教师无法静心做科研，忽视教学的现象时有发生。

二、高等教育法治体系还不够完备

（1）完善的立法体系才能为高等教育规范治理提供制度化保障。全面依法治国是中国治理能力现代化的重要内容，法律保护高等教育治理体制改革的合法性。现代大学治理以法治化为重要特征，完善高等教育法律体系，应帮助其实现大学治理法治化。教育资源的精准配置是教育公平的基本条件。高等教育法治化的重要任务之一是促进教育资源多元配置。法律制度在外部治理中为高校利用社会资源办学开辟了更多渠道，教育资源配置过程的高度规范需要法律保障，实现资源配置结构上的基本平衡。在高校内部事务管理中，法治化状况直接体现在教育事务的管理上，高等教育从法律制度内容的确立到操作程序的合规，推进高校内部事务管理走向法治化治理。

（2）中国高等教育法规在内部和外部治理结构上的规定过于原则化。高等教育的法治建设尚不完善，高等教育现有法律体系存在碎片化、政策化等问题。内部规范并未充分吸收，协同治理理念和新的治理技术多有冲突与缺失；在法权的分工和定位上，仍然存在权利和义务的失衡，法权主体间的权责边界还存在模糊地带，高校内部监督与师生参与并不充分；在法律规范的可操作性上，未能紧跟社会发展需求，对法律条文的理解不够精确，在规章制度的制定上缺少落实政策的具体要求，在教育事务处理的标准和程序的追究机制上未能作出较为详细的规定，导致中国高等教育法治能力存在不足。

随着中国政府教育职能的转变和办学体制的纵深推进，为了进一步落实高校办学自主权，地方政府要在国家教育法律法规的基础上，因地制宜地制定具体性、补充性的实施细则，并及时把具备立法条件的高等教育政策章程向国家立法机构提出议案，实现地方性政策试验运作的法治化。[①] 地方政府的高等教育政策应更有针对性和引导性，实现法治化运作，不仅应完善现有的高等教育立法体系，还应为探索政府、大学、社会的新型关系积累经验。应进一步加强高等教育立法建设，提升高等教育法治能力，增强高等教育政策的规范化和约束力，从而推进教育公平的实现。

三、高校的质量评估与反馈机制沟通不畅

（1）制度执行的偏离与监督机制的缺位。完善的监督机制是持续的高等教育管理体制变革的必备条件。中国教育制度贯彻系统的监督机制尚未突破体制壁垒，深受行政制度干预，难以独立运行，影响高等教育政策的执行。政府在中国高等教育管理体制运行中主导教育发展的走向，无论是教育政策的制订，还是行政管理，这种行政化的管理模式使其他管理主体在教育管理事务中日益边缘化。在高等教育管理制度的具体落实过程中，中央政府与地方政府、教育部门与高校直接管理领导等存在信息不对等，各管理主体间利益不均衡，各个高校之间存在区域差异，导致执行指令时可能会扭曲政策内涵，最终使制度执行得偏离与失真。

（2）风险预估不足与质量评价体系的缺失。中国高等教育管理政策在规划和制订过程中，政策风险评估机制还未完全成熟，各项风险评估的权重有待深度科学论证，因此，对潜在风险的预估不足。中国现有的教育政策评价模式以国家型评价和社会型评价为主，国家层面缺乏具有公信力的专业性评估机构，社会型高等教育评估机构发展相对滞后，也就是独立机构评价、媒介评价、公众评价发展还相对滞后。[②] 在评估标准认知上，管理评估主体无法有效融合，全面提高人才培养能力工程标准，办学主体无

---

① 王美，曲铁华. 我国高等教育政策的历史演进、现实困境与疏解策略 [J]. 教育科学，2021（2）：69-74.

② 邓旭，赵刚. 我国教育政策评价的实践模式及改进路径 [J]. 国家教育行政学院学报，2013（8）：66-70.

法合理融合高校内部质量标准,专业性评估主体无法有效融合评估学科专业标准。在评估运行体系上,体制内外专业评估机制间联结不足,国家和社会层面评估机构未能形成衔接和内洽,还没有建立立体化的高等教育评估体系。同时,高校对教育教学质量评价监测的认识还不到位,对高等教育质量的持续监督多是程序性监督,削弱了督导检查的权威性与严肃性,高等教育质量与持续改进难以得到保障。应建立一个独立于执行机构之外的教育评估与监督组织,加强执行监督,矫正政策执行的偏离与失真。

第二节 新时代中国高等教育供给规模面临的挑战

中国的发展现实与高水平的教育要求还存在很大差距,建设真正的高等教育强国的目标还需积极作为。高等教育供给应"最大程度地满足、适应与引领教育需求,实现既定教育目标,从而达到供需相对平衡的状态"①。在普及化阶段,中国高等教育的各个主体对高等教育的需求升级,需求主体对高等教育的需求逐渐呈现高质量、多样化,更加暴露了高等教育有效供给不足和供需错配问题。高等教育资源投入的合理配置是高等教育高质量发展的物质前提,在总量上和结构上,中国高等教育投入的不均衡,高等院校在教育教学中缺乏灵活的运转机制,尚难以契合中国高质量发展对高等教育提出的新需求。

一、高校持续扩招降低了生源质量

(1)高校招生规模的大幅增长引发教学资源缺乏。高等教育经费的投入量无法满足其规模的发展速度,出现发展后劲乏力的现象,阻碍了高等

---

① 周雪娟. 基于需求层面的高等教育供给分类比较[J]. 教育与职业,2014(36):13-16.

教育质量的提升。教学条件的滞后直接导致教学质量的下滑。高校招生规模扩大，导致高校师资总量结构性短缺问题突出。目前，中国高校师资队伍匮乏，尤其是高素质教师数量匮乏，主要表现在高学历教师匮乏和高职称教师匮乏两个方面。据教育部统计，2020年中国普通高校中拥有研究生学历的专任教师为119.45万人，约占普通高校专任教师总量的65.2%，其中拥有博士学位的教师为51.30万人，约占普通高校专任教师总量的28.0%。从职称结构来看，2020年中国普通高校具有高级专业技术职务的教师数量为79.37万人，占比为43.3%，其中具有正高职称的教师数量为24.30万人，仅占专任教师总量的13.3%。[①]

（2）高校管理模式和教学方法能否适应扩招带来的新问题不容忽视。高等教育供给过剩和低质量共存，供给数量掩盖下的低质量供给导致供给效率低下。中国高等教育国际化程度较低，难以满足相关人员对与高水平国际资源对接的需求。一方面，留学人数的不断增加和部分省内招生计划指标的剩余表明有效供给不足，说明高等教育仍难以满足人民对优质高等教育的需求。另一方面，虽然来华留学生的人数不断增长，但是由于留学生门槛设置不合理，招收的学生质量参差不齐，且与国内学生待遇形成较大差距，反而浪费了更多的教育资源。

二、高校经费来源过度依赖政府财政支持

（1）高等教育经费是高等教育事业发展与质量提升的重要保证。高等教育经费是指社会主要组成体能够用来维持高等教育正常运转和扩大发展的资金，其主要来源有政府财政拨付、社会投入、家庭投入，以及其他教育投入。中国高等教育经费的80%来源于政府财政拨款，这表明中国高等

---

① 中华人民共和国教育部发展规划司. 中国教育统计年鉴：2011—2020［M］. 中国统计出版社，2021：10-11.

教育经费渠道单一。① 2010年高等教育经费投入总量为5629亿元，2016年为10125亿元，比2015年增长6.38%。虽然增长量不断增长，但是增幅明显减缓。2017年中国对教育的投入总值高达42562.01亿元，较2016年上涨了9.45%。三年后（2020年），中国在教育经费上的投入总量为53033.87亿元，相比2019年增长了5.69个百分点。2017—2020年教育经费占GDP的比例分别为4.14%、4.11%、4.04%、4.22%，均维持在4%以上。② 但是，在教育经费的投入量上，中国仍落后于其他发达国家，在欧美国家投入稳定在6%以上时，中国才刚刚达到4%。③ 这加大了中国的教育总体水平，尤其是人口素质与发达国家的差距。过度依赖政府财政投资，非政府的教育资源难以进入高等教育市场，一旦政府投入难以满足日益增长的多元化教育需求，将加剧高等教育资源短缺的程度。④

（2）经费引流机制缺乏灵活的引导性。社会资本的固有特性，即流动性强，直接引发经费的不固定，这与高等教育依靠充足而稳定的经费保证持续发展相背离。中国高等教育对市场开放的空间不大，特别是在拓宽双方主体的合作通道上力度不够，缺乏基础设施、科研项目等方面的深度合作，不能积极主动地增加合作机会，导致教育经费短缺加剧。

（3）高校经费管理缺乏调节性，丧失自主权。中国教育经费来源渠道单一，主要由政府负责管理、核定高校经费的各项收支状况，高校在编制设定和预算筹划上缺乏自主权。高校缺乏参与经费管理的主动性，削弱了其经费预算落实的真实性和评价标准的可靠性。高校在教育管理上表现得被动，这降低了教育资源配置的效率，引发高校科研活动与人才培养目标脱轨。

---

① 魏丽娜，周翔宇. 我国高等教育经费配置的现实困境与改进策略：基于新加坡的经验启示 [J]. 云南师范大学学报（哲学社会科学版），2020（5）：126-133.

② 教育部网站. 教育部国家统计局财政部关于2020年全国教育经费执行情况统计公告 [EB/OL]. （2021-11-22）[2022-06-10]. http://www.moe.gov.cn/srcsite/A05/s3040/202111/t20211130_583343.html.

③ 黄河，黄志成. 教育扩张和经济周期下教育经费投入的特征与趋势：基于2008—2018年《经合组织教育概览》的比较分析 [J]. 外国教育研究，2020（3）：79-93.

④ 陈洪泽. 我国教育资源短缺的现状及对策分析 [J]. 经济理论研究，2007（6）：120-122.

三、高校硬件设施配置比例不当

（1）基础设施超负荷运转下的高等教育普及化。扩招下的高校在校生人数急剧上涨和班级规模扩大，高校所需的占地面积和公寓楼房数量、自习空间、生活设施配套、教育教学设施投放量等硬件设施都需要配套增长，保证大学生生活和学习的基础设施必须短时期准备充足，才能为大学生提供良好的学习环境。但是中国高等教育经费总量供给短缺及拖欠严重，教育投入的乏力致使其基础设施建设水平提高难度较大，逐渐发展为高等院校的普遍现象。大部分高校普遍存在基础设施建设质量不高的情况，甚至部分高校还赶不上中等城市中学的建设水平，这已然成为国内众多高校的常态。

（2）科研基础设施建设薄弱，阻碍产业与教研进程。高校科研成果转化是科学研究和技术成果实用化的过程，这需要科研基础设施支撑高水平的科学研究。系统建设科研基础设施，支撑新兴学科发展，并为高校高层次人才培养提高原动力，提升基础研究和应用研究水平，并在攻克关键领域核心技术突破基础上产生更多原创成果，原创成果转化加深高校与企业的深度科研协作，多学科人才聚集，推动关键核心技术突破转化为新的生产力，解决经济发展中的创新瓶颈。中国高校和研究所的科研基础设施建设主要源于政府支持和投入，中国科研设施建设水平较低，科技创新供给质量不高，进一步降低了企业参与产学研合作的深度。近十年来，中国高校对研发的投入占 GDP 比重均值为 0.15%，相较于经济合作与发展组织（Organisation for Economic Cooperation and Development，OECD）国家平均水平占比的 0.42% 来看远远不够。中国大量的高校科研投入及科研成果并没有产生相对应的经济效益。在专利数量、论文数量增加的同时，高校有效专利实施率和有效专利产业化率只有 12.3% 和 2.7%,①远低于发达国家 40% 的转化率水平。②高校研发长期投入力度不足,限制了高校的原始创新供给,尤其是技术产品在应用转化和市场投放过程中往往会出现资金断链,大量科研成果不能及时转化为产业发展急需的技术供给,不利于高校科研与产业研发互补合作。

四、高校治理水平仍有待提升

(1) 高等院校教育管理理念更新不及时。虽然中央政府不断对高等教育管理体制进行革新,扩大高校的自主办学权限,但是高校教育管理依托的始终是政府,而非高校自身,高校管理理念陈旧,高校的服务职能和水平也无法从根本上得到提升,管理模式仍然延续新中国成立以来的高校教育管理模式。中国高等教育还缺少明确的质量管理目标,以及精细的准则。中国高等教育管理体系因质量管理目标不清晰,造成高等院校缺乏明确的发展路线,滞缓了高等教育高质量发展的进程,同时因质量管理准则的划分粗略,导致高等教育普及化发展中消耗过多的教育资源,以及在教育资源配置中出现资源分配结构与高校发展目标不匹配,最终降低了高等教育管理体制应有功效的发挥。此外,中国高等教育管理理念出现追逐经济利益的现象,对高质量发展理解得不够全面,以单维度的规模指标作为衡量标准,缺乏多样化和整体性的质量评估体系,引发高校人才培养的同质化和科技研究创新性不足的现象,人才结构与产业结构不匹配。因此,中国需要及时更新高等院校教育管理理念,明确质量管理目标,细化质量管理准则。

(2) 教学质量评价体系和激励机制有所欠缺。在高校自主办学中,因

---

① 张栓兴,杨欣怡. 加快我国高校科技成果转化的步伐 [J]. 国际经济合作, 2020 (3): 55-63.

② 刘慧卿,赵劲. 我国高等教育供给侧结构性改革路径分析 [J]. 国家教育行政学院学报, 2018 (3): 16-22.

忽略教学主体能动性，导致高校教学管理模式落后。高等教育质量的核心在于人才素质，质量管理以人的发展为内核。教师是高校发展的核心力量，高校教师肩负学术和教学双重任务。现实中，教师教学缺乏经费制度保障，专业水平和教学能力得不到提升，教学评价未能充分调动教师主动性。同样，大学生是高校得以延续的重要成果，检测中国高校大学生学习效果的重要指标大多依赖学分制，高校缺乏充分反馈的考试评价方式，同时缺乏以监测和评价为目的的效果检测机制。过于扁平化的评价标准，忽略了学生的多样性和独特性，束缚了学生的主观能动性，以及创新意识的发挥。

第三节　新时代中国高等教育供给结构面临的挑战

中国已经成为高等教育大国，但高等教育却大而不强。高等教育供给结构调整是建设高等教育强国的基础性工程。新时代，随着经济社会发展转型，中国高等教育发展在区域布局、层次结构、学科结构等方面存在不平衡和不充分的矛盾，与建成中国特色、世界一流的高等教育体系尚有距离，高等教育供应的教学内容与现实社会工作需求脱节，这将直接影响中国高等教育的质量。面对建设教育强国的总体部署和战略设计的要求，能够较好地适应国家经济社会发展的需要，提供经济转型和产业发展所需的人才、科技要素，针对高等教育结构不平衡、不充分的突出问题，需以适当的超前性来优化高等教育供给结构。

一、区域资源配置结构不能满足发展需求

（1）区域开发格局优化需要激发中西部地区的发展潜力。为了均衡区域经济发展水平，应扩大区域开放格局，应通过增大开放范围调配全国资

源，持续优化区域经济。在政策的鼓励下，中西部通过对接产业转移的方式，增强了吸引外资的能力。分析 2018 年收集到的数据可知，东部地区在服务贸易上占据优势，东部地区服务进出口合计 45037.6 亿元，占全国比重为 86.6%，① 远超中西部地区。不难发现，当前中国经济发展中的结构性矛盾凸显。世界经济一体化的发展要求中国形成全面开放新格局，这能够有效解决我国区域发展结构不协调、对外开放不充分的难题。② 只有扩大开放，才能夯实经济基础，才能破解社会主要矛盾。

（2）高校资源配置结构严重失调。不同地区的教育资源投入程度差异显著。中国高等教育体制的基本发展格局是重点院校和非重点院校、城市院校和农村院校。高校数量分布不均衡，据统计，2019 年东部、中部、西部地区高校数量分别为 1739 所、1152 所、849 所，其中与中共中央部门共办高校数量分别为 93 所、19 所、19 所。高考根据省份不同划分录取线，造成录取概率和录取高校不同，这也是高等教育资源供给不均衡的典型表现。高校招生机会不均衡，根据 2019 年整理的区域高校发展数据，东部地区普通本专科在校生人数为 1243.84 万人，中部地区为 988.28 万人，西部地区为 799.41 万人；研究生在校生人数在东部、中部和西部地区分别为 157.47 万人、67.98 万人、60.92 万人。可见，中西部地区高校相较于东部地区高校，在招生数量上处于劣势，见表 4.1。另外，东部地区在吸引教师资源上优势明显，专任教师数量在东部、中部、西部三区的分布分别是 78.22 万人、54.47 万人、43.39 万人。

表 4.1　2019 年东、中、西部地区高校的发展程度对比③

指标	东部地区	中部地区	西部地区
高校数量（所）	1739	1152	849
中央部门共办数量（所）	93	19	19

---

① 数据来自中国海关总署官网，www.customs.gov.cn。
② 裴长洪，刘洪愧. 习近平新时代对外开放思想的经济学分析［J］. 经济研究，2018（2）：4-19.
③ 数据从 2019 年《中国教育统计年鉴》中统计整理得出。

续表

指　标	东部地区	中部地区	西部地区
普通本、专科在校生数（万人）	1243.84	988.28	799.41
在校研究生数（万人）	157.47	67.98	60.92
专任教师数（万人）	78.22	54.47	43.39
生师比	18∶1	19∶1	20∶1
教师学历结构（博、硕、本、专科及以下）	1∶1∶0.91∶0.02	1∶1.76∶1.79∶0.04	1∶1.88∶1.84∶0.05
教师职称结构（正高、副高、中级、初级）	1∶2.05∶2.55∶0.49	1∶2.64∶3.54∶1.19	1∶2.53∶3.26∶1.06
普通高校生均公共预算教育经费（元）	11471	7157	11031

（3）区域间高校获得教育经费的机会不均等。经过统计可知，2019年普通高校生均公共预算教育经费，东部地区普通高校生均公共预算教育经费为11471元，中部和西部地区分别为7157元、11031元。显而易见，中部地区获得的生均教育经费最低，东部地区获得的生均教育经费最高，这与东部地区经济发展状况有直接关系，这表明各地区间高校获得的教育经费不对等。相比较而言，教育部直属高校经费相对充足，中部省份的地方高校与东部省份高校相比，经费较低。地方高等院校获取的教育经费根本无法与部属高校的教育经费相比，反映了中国高等教育经费投入在区域空间上的不平等，高校内部发展不均衡明显。无论是区域间享有的教育机会和科研经费，还是各区域贡献的人力资源，都产生巨大的发展差距，带有强烈痛感的区域间的"撕裂现象"，可能会影响整个高等教育供给质量的稳定协调发展。所以，解决高等教育有效供给不足的重点在于着力优化区域教育资源配置，提高教育供给的丰富性和针对性，优质资源投入应更加侧重欠发达地区，加速推进教育在发展空间上的平衡。[1]

---

[1] 钟秉林.优化高等教育资源配置推进高等教育内涵发展［J］.重庆高教研究，2014（1）：1-4，32.

二、高等教育布局结构适应不了区域发展战略

新经济发展对区域禀赋条件有较高的要求,需要新型基础设施覆盖更广泛,要求高层次人才聚集更密集,需要资本更集中,其中知识创新和尖端技术创新越发凸显高层次人才聚集程度的重要性,逐年拉大相对落后区域与发达区域之间的差距。区域人口、空间结构是高等院校地域结构的重要载体,区域结构与高等院校的地域结构互相作用。新经济发展初期,不同区域之间的高等教育布局差异极大地影响未来新经济发展的区域。长期以来,形成中西部地区发展不平衡的根本原因在于资源分布的不平衡,除历史因素外,教育资源分配的差异是阻碍中西部长效性进步的关键点。不协调的区域经济发展结构主要由不均衡的教育资源配置导致。

高等院校空间分布大多集中在省会城市,这种现象在东部和中部地区较为普遍,西部地区高等院校布局分散。2022 年全国新一轮公布的 147 所"双一流"高校中,东部地区入选 98 所,西部地区入选 26 所,占比为 17.7%,[①] 西部地区高校数量,尤其是高水平院校的数量偏少。全国一流学科建设颁布的高校第一轮共 465 个,东部地区为 331 个,西部地区为 52 所,仅占 11.2%。[②] 下一轮"双一流"建设学科主要集中于东部地区,西部地区高校占 1/3,东部地区和西部地区高等教育发展差距有拉大趋势,教育机会公平、区域高等教育均衡协调发展压力仍然很大。在高等教育资源向地级市的扩散中,西部地级市高校的发展相比东部地区和中部地区,发展较为缓慢,教育资源存在严重的区域失衡现象。

中央政府与地方政府在战略战术层面的协调性是影响高等教育空间布局走向的重要变量。高等教育空间布局是一个涉及全局与局部的问题,其

---

① 教育部、财政部、国家发展改革委公布《第二轮"双一流"建设高校及建设学科名单》[EB/OL].(2022-02-11)[2022-07-11]. http://www.gov.cn/zhengce/zhengceku/2022-02-14/content_5673496.html.

② 同①。

优化离不开中央政府与地方政府的协调,但在现实中,中央政府与地方政府在战略布局与战术措施上,既有统一又存在差异性需求。① 进入新时代,转变经济发展方式和实施创新驱动发展战略,凸显了高等教育的战略地位;区域协调发展战略的确立与实施,以及区域间人才、科技竞争的加剧,使高等教育成为竞争的焦点。

三、高校人才培养模式匹配不了市场职业需求

(1) 产业结构升级的着力点是人力资源挖掘。高等教育人才培养对于产业结构调整具有引领作用。高校保持核心竞争力的关键是持续创新人才培养模式。人才培养模式是培养目标、专业设置、课程体系、教师队伍建设等诸要素动态有机结合的产物,应逐步调整专业结构,推动科学技术进步,保持课程设置与产业优化的良性沟通。劳动者素质的提高对于地区高技术产业创新能力的提升具有积极作用,只有协调好高等教育和产业之间的关系,才能推动区域经济可持续增长。

(2) 高等教育人才培养模式同质化严重。高等院校建设缺乏特色的问题严重,高校办学主动性不强,引发专业结构同质化现象,不准确的办学定位达不到与经济发展的匹配,人才培养结构衔接不上市场职业需求。从学科建设来讲,高等教育培养的大学生创新能力不足,学科专业实用价值偏少、偏弱,跟不上国家科技前进的步伐。从专业设置来讲,高等教育应用型人才培养数量较少、较差,在专业人才培养模式上沿袭旧有的学术型培养为主的模式,无法满足企业产业发展所需的应用型人才培养数量,与新兴产业的发展速度和社会结构变化的适应程度还有待加强。

(3) 高等教育存在专业数量过剩的严重问题。中国高等教育在培育人才的数量和质量上的有效供给短缺。这实质上是高等院校在发展过程中过

---

① 刘国瑞. 我国高等教育空间布局的演进特征与发展趋势 [J]. 高等教育研究,2019 (9):1-9.

度追求教育产生的经济效益和名誉实力导致的,教育理念出现偏差导致的,过分重视细化专业和扩大招生,以及在人才培养模式上高校积极性的衰退,浪费了教育资源。

四、高校学科结构设置与产业升级步调不一致

(1)学科专业是人才培养的基础。只有以学科专业为纽带对接知识体系,开发受教育者身上的潜能和提升人才的综合素养,培育多样性人才,才能满足职业岗位需求,在提升高等教育质量的同时,推动经济社会发展。紧抓高等教育结构和经济结构两个核心,才能保持科类结构和产业结构的良性互动。

(2)合理的高等教育科类结构是高等教育质量提高的基础和前提。专业设置联结社会需求端中的人才类型,适当调整专业结构,才能使教育成果主动推动产业升级,才能通过提升人才培育水平带动国家经济发展的腾飞。中国高校在学科专业的设置、水平、口径等与产业发展匹配还存在不相适应的问题,学科专业重复、细化现象严重,盲目追求大而全,导致专业特色缺失,不能完全满足产业不断发展的需求。学科专业结构调整与产业结构升级速度不契合,便会造成大量劳动力的剩余,这与提高标准后的劳动力需求形成冲突,阻碍了中国式现代化建设的前进。因而,导致毕业生在人力就业市场上"大规模失业"与"大量职位空缺"的双重矛盾。因此,高校人才培养质量契合社会需求的关键是对接学科专业与产业结构。

第五章　新时代中国高等教育供给质量优化路径

新时代中国高等教育的发展仍处于不平衡、不充分的矛盾中，集中表现为供给质量和效率无法与升级的需求结构匹配。高等教育处于教育体系与社会经济体系衔接转换的关键节点，教育体系应当为"结构优化与功能耦合的有机系统"①，高等教育高质量发展应以系统中各个部门有机要素的合理构成为基础，保障高等教育持续发展需以供给质量不断优化为条件。由此得出，高等教育发展的必要条件是高等教育系统内部各组成要素之间的协调，而教育供给质量是高等教育系统的重要组成部分，因此，教育供给质量持续优化发展成为高等教育高质量发展的核心。深化教育体制改革是教育发展的根本动力，这样才能破解制约中国高等教育高质量发展的短板，本章的总体思路是以供给质量改革为主线，在政府管理体制下发挥制度供给对高等教育供给侧结构性改革的规制和保障作用，市场发挥对需求侧的动态调节作用，以优质公平、丰富精准的供给质量满足各个主体日益增长的需求，实现供需内外联通的总体跃升，建成政府监督服务、社会有序参与、高校自主办学等多元主体协同发力的供给格局。

---

① 李枭鹰. 系统科学视野中的高等教育强国 [J]. 复旦教育论坛, 2008 (6): 23-27.

第一节 加强系统治理 发挥管理功效

结构合理的管理体制能够保障高等教育保持适度领先的供需均衡状态，通过系统内激活办学动力，不断提高教育教学质量，加强对科技创新创造力的重视程度，同时也把服务社会的能力提升到新的水平。党的十九届五中全会强调，重点改革教育体制机制，聚焦中国教育发展中的主要矛盾，妥善处理教育发展中的不平衡、不充分的矛盾。从顶层设计上持续完善管理体制，坚持价值理性指导下的高等教育供给理念，落实立德树人的根本任务。同时，发挥制度供给对高等教育供给质量的保障作用，健全教育多元协同投资体系，升级供需连接机制，深化法律制度保障作用，构建健全的质量评估体系，链接监督保障机制与反馈机制。在结构协调的制度体系运行下，在政策层面保证高等教育运行机制的有序推进。

一、在党的领导下，坚守高等院校质量底线

（1）本质与理念冲突下的高等教育亟须回归教育本真。高等教育本质上是追求真理和学术价值，无论何时，高等院校都需要以价值理性为立足之本。中国高等教育供给理念偏离价值理性，引起多重价值和需求失衡，实质是"大学片面追求知识的外在功用价值，而逐渐失去了理性的本质属性和内在要求"[1]，高校对本真价值的追求在教育利益主体的竞争下出现失衡。高等教育管理方式生态化遵循高等教育发展的基本规律，坚持"以人为本"，主动减少外界因素的干扰，落实教育教学在高等教育职能属性上

---

[1] 张学文. 大学理性研究[M]. 北京：北京师范大学出版社，2013：3.

的根本地位，落实教师与学生在高校中的主体地位。

（2）育人为本是中国教育工作的基本方针。对人的精神解放是教育的目的，顾明远指出："教育的本质是促进人的全面发展……只有个体发展了，才能为经济社会发展服务。"① 可见，教育的本质是促进人的自由全面发展。中国高校现代化建设的社会使命是培养符合中国经济社会发展的社会主义建设人才。人才是教育发展的关键因素和强大动力，培养高质量人才是高等教育的核心内容和第一要务，是实现高等教育高质量发展的有效途径。② 供给理念是高等教育供给侧结构性改革的先导，影响人们的行动选择和前进方向。高等教育供给理念坚守以人为本的底色，回归教育本真的育人主线，发挥教育对人的全面发展的支撑作用，彰显高等教育公平的理念。

（3）立德树人是新时代中国教育工作的根本任务。高等教育是国之战略，作为高等教育载体的高等院校始终承载社会职能，表现为人才培养、科学研究、社会服务、文化传承创新等重要功能。中国教育战线承担重大而紧迫的战略任务，不但要稳步有力地增强国家软实力，而且要渐进式地实现中华民族的伟大复兴，还要逐步提升国家的文化软实力和国民的整体素养。坚持以立德树人为高等教育的第一要务，是适应新时代对高等教育发展的要求，高校必须坚定社会主义办学方向，坚持"以学生和学习为中心"，坚持以立德树人和学术自由为基本的高等教育理念，全面贯彻党的教育方针，在尊重价值理性和学术追求的基础上，使高等教育回归以理性孕育和人才培养为核心目标的轨道上，为国家培养具有中国特色社会主义德智体美劳全面发展的拔尖创新人才。

---

① 顾明远. 教育观念现代化是教育现代化的灵魂 [N]. 人民日报，2016-01-31 (5).
② 刘齐，张睦楚. 中国共产党与中国高等教育的百年发展 [J]. 重庆高教研究，2021 (1)：12-24.

三、健全高等教育多元协同的投资体系

拓宽资金供给渠道是中国高等教育投入保障的内在需求。教育稳定持续的投入影响教育发展的前景,然而,中国高等教育依然存在投入主体单一、投入不足与模式陈旧等问题。从经济体制来看,中国以公有制为主体的社会主义经济决定了高等教育经费的主要来源,一般有政府投入、学费缴纳,以及其他一些途径。显而易见,高等教育可持续发展必然需要开拓多样的融资渠道,为其发展提供动力,因为单一的政府财政投入难以支撑普及化的高等教育超大规模和更高教育质量的新需求。

健全高等教育多元协同的投资体系,是推进教育高质量发展的必然选择。政府主导的高等教育可以通过多种形式实现,即社会主义制度下的市场经济有其独特性。高等院校作为社会的有机组成部分,一旦将自己圈禁,就彻底失去与外界经济社会先进事物的联系,高等院校随之失去了旺盛的生长力。① 供给侧结构性改革的重要内容是以政府和市场为核心的主体改革。因此,高等院校应发挥增进社会健康和谐的优势,其先决条件是在高等教育高质量发展过程中充分发挥自身服务效能,构建以政府办校为主、社会各界广泛参与,实现资源共享的联盟办学体制,开拓以经济为有效支撑的教育多样化形式,② 最终形成办学主体多元、制度环境公平、激励机制健全的办学格局。

首先,协调政府与高校的权责关系。政府通过让渡办学权的方式,使高校成为自身治理和发展的主体,精简教育行政机构和部门,以便减少重复的行政指挥,中央政府和地方政府对高校行使行政监督权,高等院校根据自身发展情况,灵活处理教育教学事务和科学调整组织管理方式,让高等院校真正充分地行使高校自主管理权。另外,完善高校章程制度建设,

---

① 傅蔚冈. 供给侧改革旨在优化教育选择[N]. 中国教育报,2016-03-05(2).
② 陈亮,杨娟. 新时代高等教育高质量发展的逻辑构架与实践[J]. 中国电化教育,2021(9):9-17.

赋予各利益主体应有的权利，贯彻落实过程中，应设置有效的监督部门，深入高等院校教学和管理事务应及时掌握高等院校运行信息，不断激发校内主体参与管理的动力，真正将各项规章制度和管理措施落实到位。

其次，架构利益共享的投资吸纳体制。缓解教育投资主体单一造成的财政性短缺的出路，在于深化高等教育财政体制改革，一方面，在确保教育公益性的前提下，建立稳定的经费投资机制，以便保障基本办学、基础设施建设的持续运转；另一方面，充分挖掘高校自身资源优势，吸引社会资金投入，着力提升高校自身的创收能力。学术型高校应加强与事业单位的定向合作，吸引事业单位资金支持；应用型本科院校或高等职业院校及时掌握市场需求信息，满足不同类型企业对科学技术和专业研发人才的需求，加强高校科研成果创新转化为生产力，并投放企业生产环节，持续提升劳动力水平，推动生产力水平的提高。搭建重大科研建设平台，以重大科研项目的发展前景刺激社会力量加入专项统筹投资行列，按照专项投资金额比例，合理分配社会主体的研究成果的使用权和专利权，提高高等教育项目的支出效益。政府以降低税收方式拓展高校经费来源渠道，通过增强市场参与调节的灵活方式，革除以政府为唯一主体的投资体制，建立"一主多配"的多渠道联动教育经费来源机制，拓宽高等教育持续发展空间。[①]

最后，合理调整经费投入结构，健全降费监督机制。合理调整高校经费投入结构，完善国家、社会和家庭合理分担高等教育培养成本机制，确保多渠道教育经费增长。政府持续加大对教育的投入力度，确保生均经费稳步增长；在宣传和经济刺激双重作用下，因地制宜开展政府补贴、税费优惠、购买服务等举措，引导社会对教育投入，激励企业和产业投资教育；家庭教育投入可以通过工资补贴、国税减免等举措适度上涨，吸纳家庭闲散资金，合力投放教育。高校要健全教育投入管理和教育经费使用监督机制，在积极的财政政策引导下，高校预算编制应以科学规划为前提，

---

① 陈洪泽. 我国教育资源短缺的现状及对策分析 [J]. 经济理论研究, 2007 (6): 120-122.

资金安排以高校发展战略为航标,校内资源以提升教育教学质量为重点,每年提前合理规划教育经费使用比例,年终统筹全年教育资源配置与使用情况,接受上级主管部门审核和批准,中间加强有效的监督,事后进行认真的核算分析,提高资源的利用效率。最终逐步完善高校经费增长的长效机制,在国民生产总值稳步增长的情况下,财政投入的积极稳健增长。

三、持续推进高校管理依法行政

(1) 高等教育管理体制缺乏灵活性。高等教育管理体制的调控方式主要依赖行政力量,管理主体间的权责不对称,导致高校学术自主管理能力降低。高等教育管理在法律执行力度上的薄弱,成为高等教育治理困境的重要制约。高等教育诸多管理问题的产生,其实质是系统内部多重利益主体的利益竞争,最优破解方法是借助法律将主体权责明确。

(2) 完善的高校法律体系是高等教育行稳致远的必要保证。高等教育的法律制度的,立法明确了权力主体、权力范围、权利性质等,成为政府规范、管理高等教育活动的最有力的手段。"高等教育匹配性变革通过政治手段来完成,依靠政策法规有效干预政治。"① 将法治嵌入高等教育管理,使高等院校办学理念、管理经验纳入依法治理轨道,不断完善高等院校各项管理程序和细节,以法律形式对高校责权主体进行制度规约与制度赋权,保障高等院校科学管理和高效运行。

第一,确立高等教育培养单位公务法人的法律地位。公务法人是指不仅与利用者保持独特而又复杂的法律关系,而且能够独立行使法律赋予的保护公共利益的法人的权利。国际法普遍将政府投资开办的高等院校设为公务法人,公务法人通过行政监督有效保障高校师生充分享有权益。中国高等院校等事业单位的法律地位尚不明确,应借鉴国外成熟的公务法人制

---

① 周元宽. 改革开放以来中国高等教育变迁的主体变奏与时代特征[J]. 北京大学教育评论, 2012 (4): 50-67.

度，尽早确立高等教育培养单位的法律地位，在更大程度上发挥法律的调控功能，需要明确界定培养单位法律上的权责、利益关联，最大限度地保障高等教育培养单位在法律上的主体位置。

第二，加快规范政府的责权关系进程。面对更加复杂和多样的高等教育供给模式，制度的类型和规定内容会出现不同程度的滞后，制度的滞后是造成很多主体权利不清晰的根源。在高等教育现代化发展过程中，不断完善的法律制度能够确保高等教育政策贯彻落实到位。厘清教育相关政策的实施主体间的权利和责任关系，明确诸多教育治理主体在法律中的边界，优化高等教育法律制度的具体规定和行政流程，健全约束教育行政机构的法律法规，确保高等教育整体管理体制和管理机制的法律化。架构多元化的国家教育标准体系，清晰划分现代大学各项制度的标准，根据教育发展需要不断健全人事制度标准，持续完善符合社会经济发展的学科专业制度标准，继续提高资源保障制度标准，有序推进现代大学制度的实施，保障全国高校依法落实政策。

第三，完善高等教育立法和执法体系。完善高等教育的配套制度体系，发挥省级立法机关和政府的立法主动性和创造性，以修法、释法、地方立法、配套立法为改革的主要内容，加快出台行之有效的地方性高等教育法律法规，使高等教育法律规范体系渐趋完善。中国高等教育法治建设中出现的重立法、轻执法现象，阻碍了法治建设的全面推进。强化执法是行政机关实施法律的基本形式和迫切需要，针对高等教育发展的规律和特点，在高等教育法律领域内探索建立适宜的高等教育理论和体系，全过程切实保障高等教育法律法规的实施。

四、打通高等教育质量监控通道

（1）加强高等教育标准体系建设。科学评价既能够保障高等教育的健康发展，又能够推动教育质量升级。教育评价判断并指引教育质量的程度和性质。① 加快推进中国教育强国建设，需要依据国家标准化发展规划，持续健全高等教育标准体系。高等教育质量长期备受公众关注，但是高校的社会职能无法用具体数字衡量，人才培养的综合性与数字化的单一性相冲突。中国高等教育评价出现异化倾向，其中"五唯"问题是顽症。

（2）完善高等教育质量评价维度的多样性。多样性是时代的特征和属性，克服教育质量的统一标尺，建立灵活多变的高等教育评价维度和多层面的评价体系和评价标准。② 以科学的评价机制为指导，提升高等教育质量，确立具有中国特色的高等教育质量标准和评估机制，让国际知名企业和质量认定机构参与进来，加强人才培养个性化、多元化，以人才培养水准为抓手，提高高校的使命意识，大数据全方位介入办学质量监测过程，开展全视域的学科专业发展评估，集中对人才培养水平等方面进行多维度监测，根据时代发展机动评判高等院校的质量信誉度，趋势同以开放的姿态高等院校交流人才培育经验，互相参观和学习高效的管理方法。

（3）加强高等院校分类发展的评价标准。我国高等院校缺少特色办学，偏向综合类大学建设，高等院校建设发展趋于单调。这种单调模式的形成是分类办学经验不足导致的，专业评估主体缺少社会组织的参与，调控标准的灵活性不强。应在高校分类评价的引导下，加强不同类型高等院校的科学定位，办出特色和水平。随着高等教育的全面普及，对各类高等院校而言，应强调特色化发展模式，高等院校的结构层次必须对应不同的办学评价标准，引导高等院校分类发展，提供适合各类专业人才发展的基地，增加学生挑选合适的高等教育的机会，造就大批多样化的高素质人才，发挥人力资源对经济社会发展的优势。学术型高校注重培养拔尖创新人才，推进基础学科和关键技术领域的知识创新，主动契合社会发展需

---

① 教育部课题组. 深入学习习近平关于教育的重要论述［M］. 北京：人民出版社，2019：210.
② 白波，张应强. 高等教育大众化与高校多样化人才培养［J］. 黑龙江高教研究，2008（1）：152.

求；应用型高等院校与高职院校注重培养大学生的专业能力和实践应用能力，服务地方经济社会发展需求；师范院校注重培养高素质教师，将培养合格教师作为主要考核指标，适应高质量教育体系的师资标准；探索"双一流"高校建设的特色性成效评价机制，在一流目标导向下，加强管理体制改革，重视对治理体系的不断调整，进一步推进高校的分类增长。[①]

（4）中国高等教育质量监督机制在制度监督和实践反馈环节相对薄弱，缺乏权威评估机构，导致评估结果可信度降低。因此，中国高等教育质量评估应借助适用性评估和及时性反馈来提升水准，从办学思想上重视教育评估，在政策的指引下，将教育监督机制贯穿教育教学整体过程，利用适当的办学效益评估结果，纠正高校办学中的失误，进一步将高等教育监督机制执行到位。

（5）优化高等教育事务全方位监督机制。建立健全高校质量动态化监测平台，利用信息技术和大数据科学处理信息发布、举报反馈等事务，通过政府政策和制度的调节和宏观把握，以及对高校系统的内动力的激励，动态监督高等教育质量系统进程，促进"互联网+监管"模式的常态化运行。两大管理主体发挥监督功能，一方面，行政部门在逐步健全的行政监督制度下，公开审查、评估进程，审计评估结果；另一方面，高校监督主体的潜能被深度激发，扭转被动接受评价的局面，科学促进高校自身的质量监控机制的长效性。

（6）完善对高校政策实施效果的多元评价机制。改革传统的高等教育质量评价方式，高校借助科技工具分析手段，全面把握高校学科、专业设置和人才培养模式信息，正确调整社会发展方向和产业需求、高校学科专业设置比例，有针对性地调整高校专业课程设置，重点发挥学科交叉融合作用，注重教学与实践的创新结合，激发、强化大学生的学习主动性和动手能力，探索适应高质量发展的多元化人才培养模式。构建一套集教学、科研、创新于一体的全面、立体的评价指标体系，建立具有专业评估人员

---

① 钟秉林. 新时代高质量高等教育体系的评价导向［J］. 中国高等教育，2021（1）：1.

和可行性的活动标准的评估机构,强化高校在评价中的主体性,激励企业、家庭、社会力量参与评估过程,建立评估活动过程的专业化规范,建立集办学水平、专业培养目标完成度、就业发展状况为一体的专业测评体系,更好地贯彻落实各类教育政策。① 借助评估结果,认清高校在教育管理中存在的现实困境,促使高校优化教师聘任和培训制度,拓宽大学生专业知识获取渠道,根据时代特点开展学生个性化培养模式,增加高等教育供给的人才资本价值。

(7) 落实高等教育质量保障措施的反馈机制。质量评估与反馈过程在高等教育高质量管理过程中缺一不可,评估机构要将评估结果第一时间反馈给高校和政府,政府根据评估结果改革高校教育治理章程,全面考虑高校长期发展目标和具体实施计划,加强政府、高校、第三方机构之间的沟通,以奖金激励和荣誉授予方式鼓励评估结果的正确反馈,精准定位问题产生的根源,并提出有针对性的对策和改进措施。

(8) 完善高等教育问责机制,保证高等教育质量监管落实到位。衡量高等学校主管领导办学业绩和教育行政机构贡献度的重要指标是政策实施的评估结果,有效监督教育行政履职中的工作,并对违法人员追究法律责任。引入社会力量参与并监督教育教学管理过程,建立社会问责机制,增加高等学校办学信息公开程度,激发社会力量对不当的教育制度和教育教学行为的问责,有效保障高等教育质量。强调社会评价在促进高校建设方面的积极作用,利用外界力量帮助高校在法律和道德层面更好地规范办学。根据高校办学分类的不同,细化各类高校的"一校一策"管理目标,加强对高校的分类指导和评价,探索开辟各类高校在层级结构上的一流特色通道。

---

① 吕锐,吴坚. 优化高等教育质量保障体系 [J]. 中国高等教育,2021 (10): 25-27.

第二节 促进供需升级 支持科技创新

高等教育实际供给能力是充实科技创新活动的综合水平,主要涵盖各主体对高等教育提供的资源、高等教育机会,并最终形成高等教育知识产品。纵观中国高等教育的实际供给从增量到提质的变迁过程,高等教育供给质量更多表现为供给不足、低质供给,以及过剩供给。现有中国高等教育供给在总量和结构上还不甚合理,与高等教育高质量发展标准难以匹配。因此,应从改革外部管理体制和开展高校内部治理两个方面,为高等教育发展提供全面的物质资源和人力资源的充足保障。

一、激发高校自主管理的新活力

行政主导模式下的高等教育结构体系限制了高校的自主管理权限。实现国家治理现代化的战略目标,根本问题是解决国家治理中的制度问题。[①]

从增强高等教育世界竞争力出发,通过发挥政治优势,系统规划全局,将国家资源有效集中整合,持续加快国家重点战略建设。从加速教育强国的进程出发,克服国家发展不平衡问题,从底部切断代际贫困传递,需要政策扶持落后地区的高等教育发展。遵守教育以育人为本的自身发展规律,赋予高校以培育人才、科学研究、知识创新为使命的自主办学权,开办灵活多样的人才培养模式,充分挖掘学生的创造性和科学性,为更好地实现人的自由全面发展不懈努力。

---

① 包心鉴. 制度现代化:国家治理现代化的师资与指向 [J]. 社会科学研究, 2015 (2):6.

二、统筹、规划各学科专业人员数量

（1）信息沟通不畅造成高校专业人才供给与市场人力资源需求不匹配。社会需求的灵活性与部分高校存在的管理方式形成冲突，很多高校的管理部门权责不清晰、运行不灵活，因此，在应对外部需求或风险时缺乏足够的灵活性。"了解并把握居民对公共品的需求状况是实现公共品最优供给的关键。"① 市场调控能够增强人才培养供给的精准度，由于高校人才培养的长期性与社会需求的波动性存在冲突，市场调控的主要任务是调整人才规模、完善人才结构。市场调控的关键是建立完善的需求传导机制，以市场标准引导高等教育满足市场需求。这就凸显了及时掌握全面的市场信息的重要性。面对高等教育供需匹配的困境，必须发挥大数据信息收集的优势，加强供给主体与需求主体之间的信息协调，建立供给与需求同频共振的联结机制。

（2）建立高等院校招生数据库。目前，高校招生仍旧实行指令性招生计划，在招生调控上既缩小了培养单位范围，又挤占了基层学术组织的空间，甚至有可能激化利益相关者矛盾。高校直接面向市场能够及时有效地收集各类需求信息，并能灵敏地根据市场信号作出招生规模和招生学科的调整。② 整合现有全国高中生的招生数据与学科设置，不仅收集、整合每年招收本科生的数量、在校本科生的数量等反映高校本科生招生的总量型数据，还将收集、整合每个学科门类，以及学科、二级学科对应的本科生招生的数量、在校生的数量，以尽可能提供与汇聚能够全面反映本科生供给规模与供给结构的关联数据。在此基础上，利用大数据提前分析、预判将来的招生规模和教育结构，深入掌握区域经济发展程度对本科招生的影

---

① 闵琪. 从公共品需求到公共品供需平衡：理论与实践［M］. 北京：经济科学出版社，2011：28.
② 李璐. 供给侧改革视角下的研究生教育调控机制研究［D］. 合肥：中国科学技术大学学位论文，2018：152.

响，合理分析培养规模与培养质量的关联程度，探究本科招生数据与就业率之间的律动。

（3）创建市场需求的信息智库。充分加快高等教育供给与需求间的信息流动，不但是建立市场需求的信息智库的目的，而且是高校把握劳动力市场供求走向的重要参考。市场需求信息智库利用网络搭建信息平台，获取相关产业的财务数据和"能源统计报表"①，持续收集行业发展的实时数据，整合各类职业的就业岗位变动指数，科学衡量各行业的发展潜力，预测职业需求的活跃度，科学预判市场劳动力需求。

（4）健全本科生就业信息数据库。建立本科生就业信息库的目的是追踪调查本科毕业生的就业去向，及时掌握年度就业信息数据，有效连接招生规模、招生结构与学科设置，形成就业信息数据丰富的全国性公开平台。根据国家战略发展和社会需求状况，结合大数据信息的统计分类，适度调整培养单位的学科设置情况，在一定程度上扩大培养单位对学科专业的调控权限，适时调节高校招生比例，引导学科专业的增加或减小，进一步发挥信息手段在高等教育供给结构中的调控功能，保持高等教育学科专业目录的稳定性与扩容性。

三、建立有效的教师激励晋升机制

高质量的教师是教育质量提升的重要保障，"一个教育系统的质量不会超过其教师的质量"②，优秀的教师才能培养优秀的人才。教师是教育发展的第一资源，一流的学校更需要一支优秀的教师队伍。高素质教师队伍是建设高质量高等教育体系的关键，高校教师不但承担培养时代新人的历史任务，而且高校教师的素质也是提升高等教育质量的关键。③ 保障高等

---

① 高捷. 大数据带给高职院校的影响和挑战 [J]. 学园, 2014 (35): 28 - 29.
② BARBER M, MOURSHED M. How the world's best - performing school systems come out on top [M]. New York: McKinsey and Company, 2007: 16.
③ 钟秉林. 新时代高质量高等教育体系的评价导向 [J]. 中国高等教育, 2021 (1): 1.

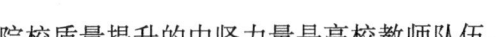

院校质量提升的中坚力量是高校教师队伍。

高校师资队伍匮乏的问题主要表现在以下两个方面：一是高校教师总量不足。教育部统计的2020年中国普通本科院校生师比为17.51∶1，仅达到《普通高等学校本科教育教学审核评估指标体系（试行）》规定的合格标准，这一数据不仅反映了中国普通高校存在的高生师比现象，也在一定程度上反映了中国高校教师总量亟待提高的问题。二是高素质教师匮乏。中国高素质教师数量匮乏主要表现在高学历教师匮乏和高职称教师匮乏两个方面。从高校教师学历来看，2020年普通高校中拥有研究生学位的专任教师为119.45万人，约占普通高校专任教师总量的65.2%，其中拥有博士学位的教师为51.30万人，约占普通高校专任教师总量的28.0%。从职称结构来看，2020年中国普通高校具有高级专业技术职务教师数量为79.37万人，占比为43.3%，其中具有正高职称的教师数量为24.30万人，仅占专任教师总量的13.3%。①

高校教师是高校赖以生存和发展的基础。高校教师在办学过程中起主导作用，是引领大学生形成正确的价值观的重要力量。建设社会主义现代化强国，要求高等教育充分发挥基础性支撑作用，自然无法离开高素质师资队伍的建设，《中国教育现代化2035》提出了"建设高素质、专业化、创新型教师队伍"②的战略任务。夯实高等教育强国基石急需规模庞大的教师队伍，通过持续提高高等教育水平，有力推动中国特色高等教育现代化进程。实现教育现代化必须有专业化的教师队伍，教师品德高尚，才能具备基本教师资格，教师结构合理，才能持续发挥动能，教师业务精湛，才能保障学生培养的质量，应时刻保持教师队伍充满活力。面对新时代对高校教师队伍产生的新期待，如何保证高校教师队伍持续高质量发展成为新问题，这需要全面深化对高校教师队伍的管理改革，提高

---

① 国家统计局. 中国统计年鉴2021［EB/OL］.（2021-10-08）［2022-01-05］. http://www.stats.gov.cn/tjsj/ndsj/.
② 中共中央、国务院印发《中国教育现代化2035》［EB/OL］.（2109-02-23）［2019-11-14］. http://www.moe.gov.cn/jyb_xwfb/s6052/moe_838/201902/t20190223_370857.html.

高等教育管理效率。采取更为灵活多样的考核评估方式，增加对高校教师的业绩考核比例，取消单纯考核科研成果的学—业绩考核办法，提高高校教师的教学课时要求标准；深入改革高校教师的收入分配制度，将业绩考核与薪资待遇关联起来，采取物质激励措施，合理引入竞争机制，形成恰当的竞争氛围，激发高校教师的工作创造性，以此提升教学质量。

首先，改革现有不太灵活的人事制度。破除"铁饭碗"思维，在国家人事管理层面进行变革，将事业编制管理转变为合同管理，进一步完善岗位聘用制度，利用竞争机制优化高等教育中的人力资源，促进人力资源的流动。[1] 推出新的薪酬制度，借助详尽的考评标准和细则，更加精细化地分类管理不同部门人员，从外部激励教职人员的工作主动性，不断凝聚高等学校的向心力，以内涵式发展推动高等教育前进。

其次，保障绩效计划落实到位。根据经济发展速度和人民的基本消费水平的评估和预测，统计全国各区域高校教师的工资和待遇情况，高校应为高校教师提供应有的薪资报酬。建立分类分层的高校教师考核体系，对岗位进行分级，按照岗位特点分类制定绩效标准，按照学科专业分类，重视对高校教职员工的绩效考核，加大教学和科研的比例，不断创新绩效考核模式。正向强化考核反馈的效果，注重对民意测评结果的接收，聚焦教师反映强烈的问题，及时、正确地将处理结果反馈给教师。

最后，适度增加高等院校专业教师的招聘比例。伴随高等院校招生数量逐年递增的趋势，高校教师队伍数量相对不足，以及退休教师和非专业教师数量的增加，更加需要扩大高校专业教师队伍。高校可以灵活掌握招收专业人员的时间，扩大招收专业从业人员的信息渠道，通过搭建高校人才网站、高校学生就业信息网、校园招聘等形式，简化招聘环节，可以适度降低标准、放宽对招聘人员的限制，将有学识、有能力、有活力的人才吸纳到高校教师行列中来。

---

[1] 陈正权，朱德全. 高等教育供给侧结构性改革：目标、内容和路径 [J]. 现代教育管理，2017（2）：23-39.

四、加速提升科研成果的转化率

（1）推动科研成果高质量转化。高等教育应符合国家发展战略的需要，努力克服科技难点和短板，抢夺创新制高点。高校的科研服务要积极对接区域经济发展，依据产业发展特点，面向国家经济战略发展需求的新兴产业和关键核心领域进行科学技术攻关，争取占领国际创新发展的制高点和有利位置，持续满足民生需求。与此同时，高校要保持与市场顺畅沟通的渠道，构建校企互助联动的产学研新模式，建立高校与市场利益共享的合作模式，增强以高校为支撑的、服务区域经济社会发展的新动能，提升高校科研成果的质量并转化为科技实力，进一步强化应用型研究，促进科研成果转移和转化。①

（2）增强高校基础研究能力。基础研究对科技实力的增长起长效作用，在一定程度上充当科技创新的发动机。解决基础研究中的"卡脖子"难题，我国高等院校存在顶尖人才和团队的相对缺乏，特别是长期深耕基础理论的人才和团队缺乏，学科平台的综合性、交叉性不够等问题。高等院校通过加大基础研究支持力度，改革脱离实际需要的研究项目申报，将项目项目审核标准转向能够解决实际问题、眼光超前、原始创新度高的评价制度，建立与科技奖励、评优创新挂钩的职称评定制度，激发人才创新创造活力，搭建重大科研平台，招收创新型人才，以科研平台为基础加强科研机构间的合作和创新，开发一批以原始创新为中心的研究基地，造就一支颇具创新活力的专业科研团队。②

（3）加快关键核心技术的攻关和成果转化。"双一流"大学处于高校顶端，应注重基础研究能力建设，加快一流创新人才培养，成为原始创新和关键核心技术攻关的"主战场"。高水平研究型大学应立足国家急需的

---

① 贺祖斌. 论高等教育高质量发展的十大要点［J］. 高校教育管理，2020（5）：42-48.
② 朱孔军. 以新发展格局引领高等教育高质量发展［J］. 红旗文稿，2021（3）：36-38.

核心领域，集中高水平专业团队，积极优化科研资源的合理调配，大力支持关键研究设备的购买，搭建攻关克难的核心技术研究平台，寻找跨国界的技术支持，协同推进跨学科的研究创新，不断满足国家发展的创新需求。衡量高等教育质量发展的重要指标是科研成果转化的社会经济价值。高校进行科学研究的主要目的是更好地服务教学和参与社会经济发展，中国高校的科研工作对国家在技术研发服务上的引领作用有限，受科研品质和结构影响导致的科研成果运用率、转化率"双低"阻碍，科研实力亟待加强。科技成果创新是经济增长的重要引擎，尤其是社会发展需要创新驱动，应将产业发展的现实需求和高校的科研能力紧密结合起来，建立专业设置与区域产业结构无缝动态对接机制，全面提升人才培养和产学研合作质量。

（4）发挥产学研高度融合对区域发展的价值。厘清高等教育集群发展在产业经济发展中所起的作用，以制度为引导充分发挥高等教育集群化发展的长处，利用产学研融合集聚高等教育群落，从整体上塑造多样化的高等院校结构，积极推动高等教育与行业、产业深度融合。系统规划和建设高等教育科技园区，不但要充分发挥高水平大学的原始创新优势，而且要善于运用应用型本科院校的产教融合优点，更要增强高职院校的产教融合能力。不同层级的高校和不同类型的高校应联合创新产学研模式，依靠产业需求带动优势学科专业发展，提升创新技能型人才供给的质量，推动创新成果投入产业制造，从而促进区域产业的转型升级，在良性循环中增进高校与企业的和谐密度，提升服务区域经济社会发展的能力。

第三节　优化供给结构　推动国家建设

高等教育供给结构是高等教育系统内部各要素的构成状态。[①] 高等教

---

① 潘懋元. 新编高等教育学 [M]. 北京：北京师范大学出版社，2004：128.

育资源配置不均衡、高等教育供给结构布局失衡现象，激化了国家推进教育公平和人民对教育的需求之间的矛盾。经济社会发展转型阶段，由于不同区域发展水平的差异、不同类型院校的实力的差异、群体需求的多样性和个性化等加剧了教育供给结构的不平衡，高等教育主要存在层次结构失重、类型结构割裂、科类结构失衡等问题。因此，为改变高等教育供给结构失衡的现状，需要构建多层次区域高校布局体系，加强高校分类建设与管理，对接合理的专业设置，推进人才培养模式创新。

一、构建多层次区域高校布局体系

（1）高等教育资源的区域分配差距较为明显。中国高等教育区域结构不平衡，呈现"东高中西低"现象，中西部高等教育的发展规模和水平质量相较于东部较弱，高等教育服务区域社会经济发展的能力有较大提升空间。面对现代化进程中的高等教育区域结构性失衡困境，立足服务国家区域发展战略，通过适度调整资源配置方式，优化区域高等教育发展空间格局，提升教育服务区域发展的水平。

（2）立足国家教育发展的战略部署，科学调整高校的布局结构。高等教育对地方经济的服务水平与区域资源配置密切相关。综合因素造成的中国长久以来的区域不平衡问题，在新发展格局中显得尤为突出。所以，调整高等教育布局，坚持"合理布局、优先建设、公平补偿的原则"[1]，以人口基数和经济发展水平为依据，通过有针对性的政策，对高等教育的区域结构进行调控，不断提高中西部高校对中西部生源的承载力，对中西部地区高等教育发展实行政策倾斜，提供充足的本地化高等教育资源，减少单纯依靠市场、地方政府调控带来的不平衡、不公平问题。各级政府机动调配专项资金，补偿弱势区域，给予中西部地区政策上的帮助，为保障资源

---

[1] 陈鹏，李威．"双一流"建设背景下西部高等教育的挑战与政策供给［J］．教育研究，2018（11）：91-98．

竞争的有序进行，应不断健全保障体系，双向提升中西部高校的内在"造血"动力和外部支撑力，形成"强者全面发力，弱者彰显特色"的发展路径。因此，按照中国区域发展的总体要求，统筹和优化高等教育资源配置，深化四大板块战略与五大国家区域重大战略对接，助力区域一体化发展，加快形成点线面结合，东中西相呼应的教育发展空间格局。

（3）依托城市群发展高等教育圈层结构，寻求良好的区域互动合作渠道。随着经济发展在空间结构上呈现的深刻变化，经济发展的空间载体形式变为中心城市和城市群。依托较为领先的中心城市、城市群，构建以重庆市、成都市、武汉市、郑州市等国家中心城市为中心的成渝、长江中游、关中平原等城市群的高等教育网状布局，进一步提升高等教育的空间布局在圈层结构上集聚。高校的人才培养、科技创新等功能与高校的服务群体直接相关。高校更为精准地对接政府指定的西部大开发、成渝经济圈等区域发展战略，发挥高校产学研一体化职能对接产业发展需求的优势，高等院校必须发挥好在打造产业源头、创造新的绿色产业业态和提高产品附加值等方面的职责，构建不同层次、不同类型高校优势互补、协同发展的格局，将成为完善区域高等教育空间形态，提升区域高等教育空间活力的关键。[1] 省级政府把握好区域经济社会发展的优势与趋势，对国家优质高等教育资源进行合理分配，利用合建、搬迁等方式扶持预期城市建设，可以对预期城市加大资源分配比例。

二、不断强化高等院校的分类协调发展

（1）高等教育的层次、结构决定高等教育资源供给的方向。未来经济社会发展的竞争归根到底是人才的竞争，而高等教育的层次、结构是经济发展的重要影响因素。[2] 尽管中西部高校在高校数量和本专科学生数量上

---

[1] 马陆亭. 加强中西部省份教育生态建设［N］. 中国教育报，2019-04-18（6）.
[2] 刘晖，马浚锋. 高等教育结构与质量的中国经验［J］. 教育发展研究，2020（7）：22-28.

规模庞大，但是中西部地区高等教育规模较小。中国高等教育的高质量发展必须是整体协调、水平相当的，不能存在区域高等教育的过度差异化。然而现实存在的中西部高等教育发展基础相对薄弱的问题，成为制约高质量发展的短板。因此，推进高等教育高质量发展必须解决中西部地区高等教育的结构性问题。在构建新发展格局的背景下，深入实施区域协调发展战略，协同调配高等教育资源，强化省级沟通，缩小区域差距，以东部发达地区的率先发展为引领，激励中西部地区迎头赶上。

（2）加强区域空间布局调整与资源配置的财政保障。保障高等教育所需的优质资源建设，需要政府对优质资源的合理引导，按照国家建设方向前行，始终不偏离现代化建设的轨道。高等教育的经费来源于三大主体，分别是中央政府、地方政府（省级为主）、社会力量，分类发挥对高校建设注入资源的贡献，扩大高校稳健性发展的多样化投资渠道。对中央政府而言，应依托专项转移支付增加区域高等教育经费，平稳推进高等教育资源的优化配置。建立和划拨专项教育经费，推进高等教育集群式可持续发展。重视吸纳社会力量，增加对高等教育重点项目的投入，鼓励社会组织或者个人为高校基础设施建设作贡献，通过减免税收的方式刺激社会有生力量支援区域高等教育建设。

（3）发挥地方政府的统筹管理作用。地方政府应从地方高等教育协调发展的角度出发，以增强地方高等教育服务地方经济社会发展能力为目标，重点提高省内高等院校办学能力，根据发展优势加强高等院校建设，通过财政支持不同类型高校的特色发展。强化地方教育行政部门的全局观念，抓住区域高等教育集群发展的契机，成立区域一体化发展的高等教育管理机构；展现高等教育集群特色与优势，带动不相上下的高校结盟互助，联合发挥区域高等教育优势；加深应用型高校和高职院校的纵向合作，借助现代产业链条挖掘高等教育集群潜能。

（4）引导和鼓励高校拓宽与企业的合作渠道。发挥信息技术优势，搭建以区域需求为导向的产学研合作平台，高速汇聚优质教育信息，进而提高高等院校的教育教学质量。深层推动校企间产教融合，利用政策激励企业和高校的互助、沟通，协商制订人才培养方案。大力推进中西部高等教育均衡发展，通过输入紧缺人才的方式，弥补中西部人才短缺，不断强化基础条件的保障机制，提高区域信息化的普及率，使人才真正扎根西部。

加强高校分类建设与管理。各地高等教育发展存在较大差距，无法按照统一标准建立科学的高校分类体系。根据各地区发展功能，结合经济转型发展实际，对照地区高等教育诉求和各层次高校的办学特点，对高校采用不同的办学标准和实施不同的管理政策。通过加强省内高水平大学建设，吸引国内一流高校设立分校，推进中外合作办学，在地级中心城市布局综合性大学；① 充分发挥重点大学的标杆作用，以多种方式支持非重点院校、地方院校改革创新，激发办学活力，推动特色发展，提升服务区域经济社会发展的能力。② 促进本科院校转型为应用型高校，丰富中国高等教育的层次、结构。

（5）增强对国际优质高等教育资源的吸引力。阻碍高等教育现代化发展的主要因素是优质资源不足，并且这种现象普遍存在。因此，加强中国高等教育的优质资源建设是实现高等教育高质量发展的必然选择。进一步增强高校与国际接轨能力，提供更有效的政策支持高校对外合作，引进和吸纳更多的国际高端创新人才和科技高新领域的领先技术，推进与国外高水平高校之间的深度合作，尤其是要为中外合作举办校区、开办教育项目等提供更宽松的条件，加大国外优质高等教育资源引进的力度，同时为高校师资队伍建设、人才培养方式方法改革、办学条件建设和运行管理等提供借鉴。

三、深入调整学科结构，对接产业转型升级

（1）高校提供的人才结构与产业需求的人才结构严重不匹配。高等教

---

① 宋争辉. 新时代中西部高等教育发展机遇与出路［N］. 光明日报，2018-01-02（13）.
② 徐小洲，倪好，辛越优. 走向新时代：我国高等教育均衡发展的难题与策略［J］. 高等教育研究，2017（12）：30-34，42.

育的科类结构决定了人力资源结构,高等教育科类结构的调整直接影响产业结构的优化。受市场经济价值的引导,高等教育模式化突出,根据产业和科技需求设置的专业较多,相同专业在不同类型和层次高校间,在设计上差别不大,各类高校的办学优势不明显,导致高校学科结构和专业结构的同质化倾向更加严重。完善高等教育科类结构是高等教育质量提升的必由之路。因此,只有学科结构的调控与国家经济发展的耦合度适宜,才能更大地发挥对各种产业的支持力度,从而提高高校毕业生的就业质量。

(2)贴合产业结构的转型升级,搭配合理的学科专业结构。产业结构是经济结构的内核,产业结构的蜕变与升级引发技术和就业结构的更迭,并冲击人才需求结构,因此,产业结构是高等教育科类结构调整的预警器。高等教育应对接国家和城市主导产业及新兴产业布局结构,高校建立成熟的学科准入与退出机制,淘汰落后的学科专业,保证学科专业动态调整,使其能够与经济发展相适应。根据国家区域发展战略需求,支持和鼓励高等院校增设新兴专业,新兴专业密切联系高新技术产业和战略性支柱产业,改进或缩减一些高度重复、就业需求度低的落后专业,大力发展区域经济发展所需要的国际贸易、法律、外语等相关专业。

四、积极推进人才培养模式的创新

(1)人才培养模式科学与否直接决定人才培养质量高低。高等院校是人才培养主阵地和科技创新主力军,人力资源是高等教育发展的核心要素,拥有促进科技和人才深度结合的独特优势,保持国家综合国力,关键是拥有一支高技能素质强的人才队伍,用于支撑国家在高水平科技上的自立自强。高等教育培养的人力资源存在的问题集中表现为人力资源相对不足,人力资源整体质量不高,人力资源结构不合理。为弥补中国人才资源相对短缺的短板,要从根源上扭转高校重知识、轻能力的教育思想,切实推进高校人才综合能力的培养,加强实践能力提升,充分挖掘高校学生创新驱动潜力。

（2）人才培养模式从"专才"转变为"通才"教育。随着知识综合性交叉的发展与学科发展的日益精细化，高等教育无法继续停留在培养单一知识结构的专才的发展阶段，改革本科层次人才培养模式势在必行。无论是满足人的自由全面发展的需要，还是实现现代化强国的目标，都对中国高等教育的层次、结构提出了新要求。优化升级后的高等教育结构，厘清并详细划分了高校人才培养模式与市场人才需求的关系，加强培养新型应用型人才，特别是对关乎人民生命健康的学科领域，增强产学研融合度，继续推进科研成果的转化运用，健全保障人才质量的服务体系，打通各类型高等院校和企业之间的渠道，衔接更多形式的人才培养模式。

（3）推进本科和研究生学段的贯通机制。紧抓基础学科人才的长效性培养，打开本硕博的屏障，架构本研贯通机制。优化本科阶段基础学科的培养方案设计，加强课程体系的连贯性，克服知识的断裂或冗杂，考察筛选知识扎实、思辨能力强的好苗子，重视导师专业指导，渐进式接触研究课题，持续激发学生的创新创造活力。重视研究生阶段学科专业的精细化，增进交叉学科的知识融合性，协调好各类培养单位的沟通工作，增进专业人才和优势资源的互补调配，保护学生或特色人才的自主选择权。对于天赋极高的学生，允许跨阶段学习，鼓励学生选取不同学科，允许学分置换和颁发奖励，在制度上保障不同学段的选课自由。

（4）完善学位分流机制。严把学生的综合考核工作，利用信息数据处理考核结果，重点培养学生的兴趣和优势能力，为学生提供个性化的分析，给予学生重新选择的自由度，根据学科专业掌握情况适度调整专业发展方向。从本科阶段开始，加强选修基础学科的学生各方面能力的培养，根据要培养的学生天赋因材施教，适当放松学科门类限制，如动手能力强的学生可以调转到应用类学科，哲学思辨能力突出的学生可以转到基础学科，有创新潜质的学生可以转到研究中心学习。在研究生培养阶段，确定年限标准，明确评估标准，对科研考核和学习能力不合格的学生强制性分流，授予学位结业证书的同时保留最低学位证书。

（5）加大拔尖创新人才的培养力度。为了突破关键核心领域，重点扶植重大科研项目，搭建汇集一流师资和研究设备的先进科研平台，加强校企联合协作，营造适应创新人才成长的生态环境。完善协作育人机制，加强卓越教师能力的提升培训，有针对性地解决专业教师教学中的难点和疑点，强调培训结果的质量实效，传授和交流更多的教育方法，提供攻克研究难题的新思路，启迪或激发研究工作者看待问题的新视野，不断开发培养创新人才的新模式。在应用型人才培养上，根据企业提出的人力资源及技术需求，大力发展专业学位的研究生教育，健全高校与企业联合培养机制；完善人才培养方案，制订合乎实际需求和自身特点的课程，共建大型公共实习、实训基地和生产性实训基地；促进具备一定资格的本科高校转型为应用型高校，进一步丰富高等教育在类型结构和专业建设上的评价标准，以改革创新为手段，增加新业态所需的复合型人才规模，不断提高应用型人才培养的质量和水平。

（6）深度挖掘高校大学生创新驱动潜力。浓厚的校园文化和科研氛围对提高人才培养质量具有重要意义，营造积极向上的校园文化和科研学术氛围是不可或缺的重要内容。增加师生面对面的交流机会，减少分散教师精力和时间的事务，增加学生与教师的互动频率，实际解决学生在探索中的困惑。增强科研信息的公开度，打通信息不畅的阻隔，及时有效地掌握领先的研究路径；开辟更多的学习渠道，利用跨国学术会议或者是国际留学生座谈会等形式，从视野上打破学生的思维局限，以双向交流的模式推进科技文化的交流与碰撞，加强国内外科研创新合作机会；认真吸收最领先的高等教育管理经验，科学转化适应中国的科研成果运用方式，招收更多的优秀人才来华研修。

五、以开放的姿态争创一流大学

国家的强盛需要一批具有世界一流水平的高等院校来推动。2022年中国高等教育发展距离教育强国目标更进一步，然而中国高等教育仍然面对大而不优、大而不强、大而无特等问题。面对百年未有之大变局，中国高等教育既要突出中国办学特色,又要积极推进国际化办学,树立"争创一流"的前瞻性理念,探索特色发展的多元化路径,鼓励和支持区域性高等院校发展优势学科或特色领域开发,大力扶助高等职业技能学校办学升级,加强普通高等院校朝着多样化办学方向前进,继续强化高等教育内涵式建设,不断提升高等教育的综合实力。

(1)科学处理本土化办学同国际化办学的关系。高等教育正处于经济社会全面发展与科技创新的关键环节,如何充分发挥高等教育对国家长远发展的助推作用更加重要。中华传统文化传承展现的凝聚性、开放性,世界文化需要中国元素添加新活力,正因如此,中国更应当在坚守中国底色不变的前提下,将中国文化推向世界舞台。高等教育需要不断提高国际化水准,在国际交流合作进程中理性引进优质资源,吸收培训高素质教师队伍的经验,掌握重点领域的核心应用技术,建立集研究、开发、创新为一体的海外发展基地,最终成功地将先进技术和珍贵经验转化为自身优势。另外,继续完善中国国际化办学水平,特别注意办学原则重心是以我为主,发挥管理团队的专业水准,进一步优化评价指标体系,利用高水平的师资队伍来吸引国际创新人才,深入开发传统特色教育的人才培养模式,促进国际留学生对中国文化的认同感,开拓一条建设世界一流大学的新路径。

(2)打造高等教育对外开放新高地。中国教育始终保持与国际密切交流,以自由贸易试验区为点,推进对外贸易向面的扩散,实施东北地区振兴计划,带动老工业基地创新发展,全面加强中国与世界在教育领域的深度合作。在"双循环"新发展格局引导下,培育教育对外开放的先行地,积累重点区域对外发展经验,面向全国加以复制推广,促进全国教育开放的合作共享和均衡发展,积极与国际接轨,参与高水平国际教育合作的新平台,在构建更全方位、更宽领域、更多层次、更加主动的对外开放新格局中,助力国内国际双循环的相互促进。

(3)引进国际先进的高等教育发展经验。为主动适应发展环境的新变化,坚持对外开放条件下的本土办学,不仅要深刻理解先进的办学理念,还要灵活实施科学的管理机制,更要吸纳越来越多的高层次人才形成领军型人才队伍，及时掌握现代化的教育教学方法，依法依规推进高等教育的国际交流与合作，充分发挥高等教育国际合作办学的积极作用，使本土高等教育的办学质量和水平获得全方位的提升。只有高等院校持续不断地增强自身实力，依靠中国高等教育独特的品质，依法依规推进高等教育的国际交流与合作，充分发挥高等教育国际合作办学的积极作用，使国内高等教育的办学质量和水平获得全方位的提升。

参考文献

一、著作

[1] 教育部科学技术与信息化司. 2021年高等学校科技统计资料汇编［M］. 北京：高等教育出版社，2022.

[2] 教育部研究室. 中华人民共和国现行高等教育法规汇编［M］. 北京：人民教育出版社，1999.

[3] 刘光. 新中国高等教育大事记［M］. 长春：东北师范大学出版社，1990.

[4] 改革开放30年中国教育改革与发展课题组. 教育大国的崛起［M］. 北京：教育科学出版社，2008.

[5] 杨晓明. 高等教育政策问题研究［M］. 郑州：大象出版社，2011.

[6] 郝维谦，龙正中. 高等教育史［M］. 海口：海南出版社，2000.

[7] 高奇. 新中国教育历程［M］. 石家庄：河北教育出版社，1999.

[8] 刘一凡. 中国当代高等教育史略［M］. 武汉：华中理工大学出版社，1991.

[9] 陈学飞. 中国高等教育研究50年［M］. 北京：教育科学出版社，1999.

[10] 黄启兵. 中国高校设置变迁的制度分析［M］. 福州：福建教育出版社，2007.

[11] 熊明安. 中国高等教育史［M］. 重庆：重庆出版社，1983.

[12] 张慧明. 中外高等教育史研究［M］. 湖南：湖南大学出版社，1998.

[13] 何东昌. 当代中国教育［M］上. 北京：当代中国出版社，1996.

[14] 张健. 中国教育年鉴：1949—1981［M］. 北京：中国大百科全书出版社，1984.

[15] 厦门大学校史编委会. 厦大校史资料：第三辑［M］. 厦门：厦门大学出版社，1989.

[16] 余立. 中国高等教育史［M］下册. 上海：华东师范大学出版社，1994.

［17］季啸风，王显明，徐敦潢. 中国高等学校变迁［M］. 上海：华东师范大学出版社，1992.

［18］金铁宽. 中华人民共和国教育大事记［M］. 济南：山东教育出版社，1995.

［19］李剑萍. 中国现代教育问题史论［M］. 北京：人民出版社，2005.

［20］胡炳仙. 中国重点大学政策的历史逻辑与制度分析［M］. 青岛：中国海洋大学出版社，2010.

［21］改革开放30年中国教育改革与发展课题组. 教育大国的崛起［M］. 北京：教育科学出版社，2008.

［22］杨晓明. 高等教育政策问题研究［M］. 郑州：大象出版社：2022.

［23］刘文杰. 中国教育大事典：1949—1990［M］. 杭州：浙江教育出版社，2004.

［24］中国科技评估与成果管理研究会，国家科技评估中心，中国科学技术信息研究所. 中国科技成果转化年度报告2019：高等院校与科研院所篇［M］. 北京：科学技术文献出版社，2020.

［25］王善迈. 教育投入与产出研究［M］. 石家庄：河北教育出版社，2001.

［26］靳希斌. 教育经济学［M］. 北京：人民教育出版社，2001.

［27］杨保焜，范先佐. 教育经济学新论［M］. 南京：江苏教育出版社，1995.

［28］范先佐. 教育经济学［M］. 北京：人民教育出版社，1999.

［29］吴敬琏，等. 供给侧改革：经济转型重塑中国布局［M］. 北京：中国文史出版社，2016.

［30］李同明. 中国现代高等教育经济学［M］. 北京：经济管理出版社，1998.

［31］吕育康. 非主流教育新视野：人才供给非稀缺阶段的中国教育［M］. 郑州：郑州大学出版社，2004.

［32］王培根. 高等教育经济学［M］. 北京：经济管理出版社，2004.

［33］朱秋白. 高等教育供求结构分析与宏观管理研究［M］. 北京：经济科学出版社，2011.

［34］马春文. 发展经济学［M］. 3版. 北京：高等教育出版社，2010.

［35］齐良书. 发展经济学［M］. 北京：中国发展出版社，2002.

［36］诺贝尔经济学奖金获得者演讲集［M］. 北京：中国社会科学出版社，1986.

［37］刘森林. 发展哲学引论［M］. 广州：广东人民出版社，2000.

［38］张立波，聂锦芳，赵家祥. 马克思主义哲学教程［M］. 北京：北京大学出版

社，2003.

[39] 易先群，段一中，黎司明. 质量学概论［M］. 北京：中国质检出版社，2012.

[40] 于光远. 我的教育思想［M］. 苏州：苏州大学出版社，2000.

[41] 王凌皓. 中外教育史［M］. 长春：东北师范大学出版社，2002.

[42] 范先佐. 范先佐自选集［M］. 武汉：华中师范大学出版社，2012.

[43] 顾明远. 教育大辞典［M］. 上海：上海教育出版社，1992.

[44] 郝克明，王永铨. 中国高等教育结构研究［M］. 北京：人民教育出版社，1987.

[45] 王磊. 马克思 恩格斯 论道德［M］. 北京：人民出版社，2011.

[46] 谢春红. 当代中国共产党建设学习型政党研究［M］. 北京：人民出版社，2009.

[47] 王英杰，刘宝存. 中国教育改革30年：高等教育卷［M］. 北京：北京师范大学出版社，2009.

[48] 叶澜. 教师角色与教师发展新探［M］. 北京：教育科学出版社，2001.

[49] 钟海青. 比较教育管理［M］. 南宁：广西教育出版社，2001.

[50] 张学文. 大学理性研究［M］. 北京：北京师范大学出版社，2013.

[51] 闵琪. 从公共品需求到公共品供需平衡：理论与实践［M］. 北京：经济科学出版社，2011.

[52] 潘懋元. 新编高等教育学［M］. 北京：北京师范大学出版社，2004.

[53] 闵维方. 高等教育运行机制研究［M］. 北京：人民教育出版社，2002.

[54] 罗明东. 教育地理学［M］. 昆明：云南大学出版社，2003.

[55] 郝克明. 中国高等教育结构研究［M］. 北京：人民教育出版社，1987.

[56] 谢维和，文雯，李乐夫. 中国高等教育大众化进程中的结构分析：1998—2004年的实证研究［M］. 北京：教育科学出版社，2007.

[57] 金一鸣. 中国教育类别与结构的研究［M］. 上海：上海教育出版社，1999.

[58] 邴正. 邴正讲演录［M］. 长春：长春出版社，2012.

[59] 中国社会科学院语言研究所词典编辑室. 现代汉语词典［M］. 7版. 北京：商务印书馆，2016.

[60] 约翰·希恩. 教育经济学［M］. 郑伊雍，译. 北京：教育科学出版社，1981.

[61] 卡尔·雅斯贝尔斯. 什么是教育［M］. 邹进，译. 北京：生活·读书·新知三联书店，1991.

[62] 詹姆斯·杜德斯达特. 21世纪的大学 [M]. 北京：北京大学出版社，2005.

[63] 克拉克·克尔. 大学的功用 [M]. 陈学飞，等译. 南昌：江西教育出版社，1993.

[64] 萨瓦斯. 民营化与公司部门的伙伴关系 [M]. 周志忍，译. 北京：中国人民大学出版社，2002.

[65] 舒尔茨. 人力资本投资 [M]. 北京：商务印书馆，1990.

[66] P. B. 弗里曼. 受教育劳动者的需求和供给弹性 [M]. 北京：高等教育出版社，2000.

[67] 阿瑟·刘易斯. 经济增长理论 [M]. 梁小民，译. 上海：上海三联书店，上海人民出版社，1994.

[68] 埃莉诺·奥斯特罗姆，帕克斯·惠特克. 公共服务的制度建构：都市警察服务的制度结构 [M]. 宋全喜，任睿，译. 上海：上海三联书店，2000.

[69] 迈克尔·麦金尼斯. 多中心体制与地方公共经济 [M]. 毛寿龙，译. 上海：上海三联书店，2000.

[70] 乔治·A. 比彻姆. 课程理论 [M]. 黄明皖，译. 北京：人民教育出版社，1989.

[71] 梅多斯·德内拉. 系统之美：决策者的系统思考 [M]. 邱昭良，译. 杭州：浙江人民出版社，2002.

[72] 卡扎米亚斯，马西亚拉斯. 教育的传统与变革 [M]. 福建师范大学教育系，等合译. 北京：文化教育出版社，1981.

[73] 雅基·西蒙，热拉尔·勒萨热. 法国国民教育的组织与管理 [M]. 安延，译. 北京：教育科学出版社，2007.

[74] 埃德加·斯诺. 西行漫记 [M]. 香港：广角镜出版社，1975.

[75] 亚里士多德. 形而上学 [M]. 吴寿彭，译. 北京：商务印书馆，1996.

[76] 大塚丰. 现代中国高等教育的形成 [M]. 黄福涛，译. 北京：北京师范大学出版社，1998.

二、报刊

[1] 中共中央办公厅　国务院办公厅印发《关于深化教育体制机制改革的意见》[N]. 中国教育报，2017－09－25（1）.

[2] 国务院. 关于深化体制改革加快实施创新驱动发展战略的若干意见 [N]. 2015 – 03 – 23.

[3] 使高校成为坚持党的领导的坚强阵地 习近平总书记在全国高校思政工作会议上的讲话引起热烈反响 [N]. 人民日报, 2016 – 12 – 11.

[4] 教育部. 2012 年全国教育事业发展统计公报 [N]. 中国教育报, 2013 – 08 – 17 (2).

[5] 宋争辉. 新时代中西部高等教育发展机遇与出路 [N]. 光明日报, 2018 – 01 – 02 (13).

[6] 马陆亭. 加强中西部省份教育生态建设 [N]. 中国教育报, 2019 – 04 – 18 (6).

[7] 傅蔚冈. 供给侧改革旨在优化教育选择 [N]. 中国教育报, 2016 – 03 – 05 (2).

[8] 顾明远. 教育观念现代化是教育现代化的灵魂 [N]. 人民日报, 2016 – 01 – 31 (5).

[9] 刘鹤. 必须实现高质量发展 [N]. 人民日报, 2021 – 11 – 24 (6).

[10] 赵婀娜. 推动高等教育高质量发展 [N]. 人民日报, 2022 – 06 – 07 (5).

[11] 李奕. 教育改革, "供给侧"是关键 [N]. 人民日报, 2016 – 01 – 14 (18).

[12] 熊丙奇. 教育老大难问题要从供给侧破冰 [N]. 中国教育报, 2016 – 03 – 04 (2).

[13] 杨树兵. 服务需求, 培育高质量人才 [N]. 江苏教育报, 2017 – 06 – 16 (002).

[14] 林兆木. 关于我国经济高质量发展的几点认识 [N]. 经济日报, 2018 – 01 – 17 (7).

[15] 王军. 准确把握高质量发展的六大内涵 [N]. 证券日报, 2017 – 12 – 23 (A03).

[16] 杨三省. 推动高质量发展的内涵和路径 [N]. 陕西日报, 2018 – 05 – 23 (11).

[17] 李伟. 高质量发展究竟"什么样儿" [N]. 联合时报, 2018 – 03 – 02 (4).

[18] 刘鹤. 必须实现高质量发展 [N]. 人民日报, 2021 – 11 – 24 (6).

[19] 坚定不移走高质量发展之路 [N]. 人民日报, 2022 – 04 – 06 (1).

[20] 使高校成为坚持党的领导的坚强阵地 [N]. 人民日报, 2016 – 12 – 11 (1).

[21] 董洪亮. 坚持立德树人思想引领 加强和改进高校党建工作 [N]. 人民日报, 2014 – 12 – 30 (2).

[22] 刘世锦. 供给侧改革需要打通要素流动通道 [N]. 经济日报, 2016 – 1 – 11 (8).

[23] 张应强. 中国现代大学制度建设的艰难探索 [R]. 中国高等教育学会高等教育学专业委员会, 2009.

[24] 周远清. 高教管理体制改革和布局结构调整取得历史性的重大进展 [N]. 中国

教育报，2000-12-15.

[25] 张烁，丁雅诵，吴月. 恢复高考，知识改变中国（峥嵘岁月）[N]. 人民日报（海外版），2021-02-27（5）.

[26] 国务院. 切实把重点放在提高质量上[N]. 中国教育报，2006-05-11.

[27] 中国人民大学课题组. 中国大学怎样规划自己的未来[N]. 光明日报，2014-05-20（13）.

[28] 董鲁皖龙. 扎根中国大地 奋进强国征程：新中国70年高等教育改革发展历程[N]. 中国教育报，2019-09-22（1）.

[29] 邬大光. 把握高等教育发展的新格局[N]. 光明日报，2020-22-10（1）.

三、期刊

[1] 国务院. 国务院批转教育部、国家计委关于加速发展高等教育的报告[J]. 高教战线，1983（6）：2-3.

[2] 徐高明. 基于分类分层的一流大学差别化发展框架[J]. 现代教育理，2019（2）：28.

[3] 孙伦轩，陈·巴特尔. 高等学校的分化、分类与分层：概念辨析与边界厘定[J]. 国家教育行政学院学报，2016（10）：25-26.

[4] 钟秉林，王新凤. 迈入普及化的中国高等教育：机遇、挑战与展望[J]. 中国高教研究，2019（8）：9-10.

[5] 朱玉成. 政府职能转变视角下的高等教育供给侧改革[J]. 高等教育研究，2016（8）：16-21.

[6] 陈宝生. 认真学习贯彻习近平总书记高等教育重要论述努力办好中国特色社会主义大学[J]. 中国高等教育，2017（1）：4-10.

[7] 张淑林，李璐，裴旭. 创新驱动培养一流拔尖人才[J]. 中国高校科技，2016（7）：6-8.

[8] 姜大源. 教育供给侧改革的最大潜力在于职业教育[J]. 教育与职业，2016（21）：5.

[9] 叶庆娜. 重视教育需求：供给侧结构性改革背景下教育供需矛盾的破解[J]. 教育发展研究，2019（17）：65-71.

[10] 吴克明. 教育供求新探[J]. 教育与经济，2001（3）：52-55.

[11] 朱静. 试论办学体制与教育供求的关系 [J]. 教育与经济, 2001 (1): 49-51, 34.

[12] 叶忠. 论教育供给有效性的衡量 [J]. 河北师范大学学报（社会科学版）, 2001 (2): 53-58.

[13] 马晓燕. 关于实现我国教育资源合理配置与教育供求均衡的思考 [J]. 上海教育科研, 2001 (1): 15-17.

[14] 吴宏超, 范先佐. 我国教育供求研究回顾与反思 [J]. 教育与经济, 2006 (3): 24-27.

[15] 贾琳琳. 应用经济学的供求理论分析我国教育需求与教育供给的矛盾及解决办法 [J]. 辽宁教育行政学院学报, 2005 (5): 48-49.

[16] 吴敬琏. 供给侧改革不能简单理解为"调结构" [J]. 财经界, 2016 (6): 48-51.

[17] 贾康. 供给侧改革的核心内涵是解放生产力 [J]. 中国经济周刊, 2015 (49): 78-79.

[18] 李佐军. 与供给侧改革相关的几个基本知识点 [J]. 唯实（现代管理）, 2016 (3): 18-19.

[19] 邹平. 云南教育供给侧结构性改革的若干思考 [J]. 教育研究, 2016 (11): 150-155.

[20] 刘云生. 供给侧结构性改革：教育怎么办？[J]. 教育发展研究, 2016 (3): 1-7.

[21] 周海涛, 朱玉成. 教育领域供给侧改革的几个关系 [J]. 教育研究, 2016 (12): 30-34.

[22] 周树藩, 等. 高等教育供求分析：与肖昊同志商榷 [J]. 建材高教理论与实践, 1997 (2): 50-51.

[23] 张珏. 合理确定地方高等教育发展规模和结构目标 [J]. 中国高等教育, 2016 (Z2): 38-42.

[24] 马永霞, 范先佐. 高等教育需求主体间的冲突与化解 [J]. 清华大学教育研究, 2005 (2): 42-46.

[25] 许之所. 高等教育需求与供给分析 [J]. 华中农业大学学报（社会科学版）, 2007 (3): 115-117.

[26] 陈宏军, 江若尘. 高等教育个人需求的系统分析与高等教育需求类型关系的诠释

[J]. 清华大学教育研究，2006（2）：31-38.

[27] 吴泽俊. 高等教育供求均衡的经济学分析[J]. 教育学术月刊，2009（12）：68-71.

[28] 吕慈仙，李卫华. 高校学生专业选择的影响因素分析：基于理性选择理论的视角[J]. 高等工程教育研究，2014（1）：81-85.

[29] 郑磊. 中外高等教育需求影响因素的比较研究[J]. 比较教育研究，2008（9）：51-55.

[30] 钟宇平，雷万鹏. 风险偏好对个人高等教育需求影响的实证研究：以高中生对农业、林业和师范院校需求为例[J]. 高等教育研究，2005（1）：19-24.

[31] 陆根书，刘珊，钟宇平. 高等教育需求及专业选择中的性别差异及其影响因素分析[J]. 高等教育研究，2009（10）：14-29.

[32] 刘俊学. 基于教育服务的高等教育供求研究[J]. 江苏高教，2009（5）：38-40.

[33] 吴宏超，范先佐. 我国教育供求研究的回顾与反思[J]. 教育与经济，2006（3）：24-27.

[34] 秦闻笛. 扩招以来高等教育供求的非均衡动因探析[J]. 统计与决策，2008（17）：142-144.

[35] 宋光辉，陈勇. 超额需求、差异化需求与我国民办教育规模[J]. 管理世界，2009（6）：61-71.

[36] 方芳，钟秉林. 我国民办高等教育的区域差异及影响因素分析[J]. 教育研究，2011（7）：35-42.

[37] 金保华，刘晓洁. 高等教育供给侧结构性改革的理论逻辑与实践路径[J]. 教育与经济，2016（6）：18.

[38] 张务农. 从经济学命题到教育学命题：供给侧改革之于高等教育发展意义审思[J]. 江苏高教，2017（3）：33.

[39] 徐玉特. 高等教育供给侧改革背景下的政府、高校、市场协同机制研究[J]. 黑龙江高教研究，2018（2）：64.

[40] 袁广林. 供给侧视野下高等教育结构性改革[J]. 国家教育行政学院学报，2016（6）：15-22.

[41] 陈正权，朱德全. 高等教育供给侧结构性改革：目标、内容和路径[J]. 现代教

育管理,2017 (2): 23-29.

[42] 武毅英,童顺平. 高等教育供给侧改革的动因、链条与思路 [J]. 江苏高教,2017 (4): 1-6.

[43] 何慧星,张雅旋. 高等教育供给侧结构性改革的逻辑、依据与路径 [J]. 现代教育管理,2017 (12): 40-44.

[44] 姜朝晖. 以供给侧改革引领高等教育发展 [J]. 重庆高教研究,2016 (1): 123-127.

[45] 李玉华. 我国高等教育供给侧改革研究 [J]. 教育探索,2016 (5): 71-76.

[46] 吴向文,王志军. 从高等教育发展过程看其供给侧改革价值取向 [J]. 黑龙江高教研究,2018 (3): 10-13.

[47] 韩喜平,王晓慧. 21世纪中国马克思主义政治经济学的建构 [J]. 治理现代化研究,2019 (1): 25.

[48] 彭拥军,巩雪. 高等教育高质量发展的逻辑 [J]. 江苏高教,2022 (10): 9-16.

[49] 高培勇. 理解、把握和推动经济高质量发展 [J]. 经济学动态,2019 (8): 3-9.

[50] 金碚. 关于"高质量发展"的经济学研究 [J]. 中国工业经济,2018 (4): 5-18.

[51] 任保平,文丰安. 新时代中国高质量发展的判断标准、决定因素与实现途径 [J]. 改革,2018 (4): 5-16.

[52] 任保平. 我国高质量发展的目标要求和重点 [J]. 红旗文摘,2018 (24): 21-23.

[53] 王锋,王瑞琦. 中国经济高质量发展研究进展 [J]. 当代经济管理,2021 (2): 1-10.

[54] 任保平,李禹墨. 新时代我国高质量发展评判体系的构建及其转型路径 [J]. 陕西师范大学学报(哲学社会科学版),2018 (3): 105-113.

[55] 王彩霞. 新时代高质量发展的理论要义与实践路径 [J]. 生产力研究,2018 (10): 20.

[56] 王建华. 高等教育适应论的省思 [J]. 高等教育研究,2014 (8): 1-7.

[57] 王建华. 什么是高等教育高质量发展 [J]. 中国高教研究,2021 (6): 20.

[58] 蒋凯，杨体荣. 高等教育高质量发展的内涵辨析与实现路径 [J]. 当代教育与文化，2021 (5)：1-10，125.

[59] 黄洪兰，姚玉香. 质量革命：新时代高等教育高质量发展的战略 [J]. 现代教育管理，2020 (12)：7-14.

[60] 郑文龙，欧阳光华. 高等教育高质量发展：内涵、挑战与路径 [J]. 现代教育管理，2022 (6)：46-53.

[61] 贺祖斌. 论高等教育高质量发展的十大要点 [J]. 高校教育管理，2020 (5)：42-48.

[62] 逄锦聚，林岗，杨瑞龙，等. 促进经济高质量发展笔谈 [J]. 经济学动态，2019 (7)：3-19.

[63] 别敦荣. 论高等教育内涵式发展 [J]. 中国高教研究，2018 (6)：6-14.

[64] 钟晓敏. 论新时代高等教育与高质量发展的实现路径 [J]. 中国大学教学，2020 (4)：50-53.

[65] 黄洪玉，姚玉香. 质量革命：新时代高等教育高质量发展的战略 [J]. 现代教育管理，2020 (12)：7-14.

[66] 中国共产党中央委员会、国务院关于教育事业管理权力下放问题的规定 [J]. 中华人民共和国国务院公报，1958 (26)：570-572.

[67] 张旸. 新时代高等教育供给的实践逻辑 [J]. 内蒙古社会科学（汉文版），2018 (5)：156-160.

[68] 周树蕃等. 高等教育供求分析：与肖昊同志商榷 [J]. 建材高教理论与实践，1997 (2)：50-51.

[69] 肖昊. 高等教育供求的几个理论问题 [J]. 建材高教理论与实践，1996 (4)：31-32.

[70] 张旸，吴婷婷. 我国义务教育供给的变迁研究 [J]. 现代教育管理，2020 (12)：35-41.

[71] 何晓芳，迟景明. 我国高等教育结构形成与演进机理的要素分析 [J]. 高等教育研究，2018 (11)：20-24.

[72] 刘思含. 省域高等教育供给侧结构性改革的时代诉求与实施路径 [J]. 现代教育管理，2018 (10)：64-68.

[73] 张应强. 新中国大学制度建设的艰难选择 [J]. 清华大学教育研究，2012 (6)：

25 - 35.

[74] 李玉华. 我国高等教育供给侧改革研究 [J]. 教育探索, 2016 (5): 71 - 76.

[75] 赵俊芳. 中国高等教育改革发展六十年的历程与经验 [J]. 中国高教研究, 2009 (10): 3.

[76] 范惠莹. 新中国成立后我国高等教育管理体制演变综述 [J]. 高等农业教育, 2002 (1): 15.

[77] 李琦. 建国初期全国高等学校院系调整述评 [J]. 党的文献, 2002 (6): 71 - 77.

[78] 沈登苗. 打破民国高等教育体系的院系调整 [J]. 大学教育科学, 2008 (5).

[79] 焦德杰. 拿来主义的狂欢与落寞: 对中国教育苏联模式的追忆与反思 [J]. 河南社会科学, 2010 (5): 183 - 184.

[80] 吴玉文. 建国40年教育事业的回顾与思考 [J]. 河南大学学报 (社会科学版), 1992 (1): 14 - 19.

[81] 宋文红. 我国高等教育宏观管理结构的演变及启示 [J]. 中国海洋大学学报 (社会科学版), 2004 (5): 86.

[82] 马叙伦. 第一次全国高等教育会议闭幕词 [J]. 人民教育, 1950 (3): 15 - 16.

[83] 庄林议. 1958年高等教育改革得失对当前高等教育改革的启示 [J]. 福建论坛 (人文社会科学版), 2007 (S1): 161 - 162.

[84] 郭峰. 新中国高等教育管理实践五十年 [J]. 国家高级教育行政学院学报, 1999 (5): 9.

[85] 严琳, 王继武, 易同民. "文革"时期的陕西高等教育及高校校报 [J]. 今传媒, 2012 (1): 114.

[86] 马陆亭. 我国高等教育管理体制改革30年: 历程、经验与思考 [J]. 中国高教研究, 2008 (11): 12 - 17.

[87] 邓晓春. 中国高等教育体制改革的回顾与展望 [J]. 辽宁高等教育研究, 1998 (1): 9.

[88] 严燕. 世纪之交的回眸与前瞻: 全国高等教育管理体制改革经验交流会述要 [J]. 扬州大学学报 (高教研究版), 1998 (1): 3 - 7.

[89] 纪宝成. 世纪之交中国高等教育管理体制改革的历史回顾 [J]. 中国高等教育, 2013 (8): 6 - 13.

[90] 教育部. 2003—2007年教育振兴行动计划 [J]. 中国高等教育, 2004 (7): 10.

[91] 毕宪顺, 张峰. 改革开放以来中国高等教育的跨越式发展及其战略意义 [J]. 教育研究, 2014 (11): 62-71.

[92] 教育部. 1998年全国教育事业发展统计公报 [J]. 科技文萃, 1999 (7): 181-183.

[93] 高东燕, 胡科. 70年高等教育的发展历程、成就与挑战 [J]. 江苏高教, 2019 (10): 8-13.

[94] 赵友元. 高等教育内涵式发展的任务与实现路径 [J]. 黑龙江高教研究, 2016 (1): 20-23.

[95] 王思华. 大学治理与高校中层干部队伍建设: 基于创建世界一流大学和一流学科的发展目标 [J]. 中国矿业大学学报 (社会科学版), 2015 (11): 1-4.

[96] 徐辉. 新时代的中国高等教育: 成就、挑战和变革 [J]. 教育研究, 2018 (8): 67-72.

[97] 谷建春, 李明华. 对口·适应·超越: 论产业结构与高等教育结构的关系 [J]. 中国成人教, 2012 (21): 24-27.

[98] 刘献君. 新中国高等教育70年的回顾与展望 [J]. 高等教育研究, 2019 (11): 1-8.

[99] 于颖, 陈文文. 智慧课堂教学模式的进阶式发展探析 [J]. 中国电化教育, 2018 (11): 126-132.

[100] 别敦荣. "双循环" 视角下中国高等教育普及化发展的意义 [J]. 中国高教研究, 2021 (5): 22-28.

[101] 卢伟, 褚宏启. 高等教育发展方式转变的内在机制与可行路径: 一种要素分析的范式 [J]. 现代教育管理, 2014 (12): 14-20.

[102] 别敦荣, 王严淞. 普及化高等教育理念及其实践要求 [J]. 中国高教研究, 2016 (4): 1-8.

[103] 钟秉林. "十四五" 期间我国高等教育发展的基础与关键 [J]. 河北师范大学学报 (教育科学版), 2021 (1): 1-8.

[104] 王少媛. 面向2030: 高等教育体系现代化的内涵特征与建设策略 [J]. 黑龙江高教研究, 2017 (11): 19-23.

[105] 刘国瑞. 我国高等教育空间布局的演进特征与发展趋势 [J]. 高等教育研究,

2019（9）：1-9.

[106] 何晓芳. 大众化进程中的中美高等教育层次结构比较研究[J]. 中国高教研究，2012（1）：45-50.

[107] 高文豪，崔盛. 普及化阶段高等教育层次结构调整的国际借鉴[J]. 大学教育科学，2021（1）：111-119.

[108] 申怡，夏建国. 论我国高等教育的"不平衡不充分"及其破解路径[J]. 中国高等教育，2018（1）：10-12.

[109] 袁广林. 视野下高等教育结构性改革[J]. 国家教育行政学院学报，2016（6）：15-22.

[110] 吴爱华，侯永峰，杨秋波，等. 加快发展和建设性工科主动适应和引领新经济[J]. 高等工程教育研究，2017（1）：1-9.

[111] 岳昌君，周丽萍. 适应经济发展水平的高等教育结构调整：中美比较的视角[J]. 山东高等教育，2017（5）：18-34.

[112] 马廷奇. 高等教育如何适应新常态[J]. 高等教育研究，2015（3）：6-10.

[113] 王旭辉. 我国高等教育若干典型供求关系研究[J]. 中国高教研究，2016（1）：21.

[114] 鲁洁. 一个值得反思的教育信条：塑造知识人[J]. 教育研究，2004（6）：3-7.

[115] 阎光才. 谨慎看待高等教育领域中各种评价[J]. 清华大学教育研究，2019（1）：1-4.

[116] 王美，曲铁华. 我国高等教育政策的历史演进、现实困境与疏解策略[J]. 教育科学，2021（2）：69-74.

[117] 邓旭，赵刚. 我国教育政策评价的实践模式及改进路径[J]. 国家教育行政学院学报，2013（8）：66-70.

[118] 周雪娟. 基于需求层面的高等教育供给分类比较[J]. 教育与职业，2014（36）：13-16.

[119] 魏丽娜，周翔宇. 我国高等教育经费配置的现实困境与改进策略：基于新加坡的讲演启示[J]. 云南师范大学学报（哲学社会科学版），2020（5）：126-133.

[120] 黄河，黄志成. 教育扩张和经济周期下教育经费投入的特征与趋势：基于

2008—2018年《经合组织教育概览》的比较分析 [J]. 外国教育研究, 2020 (3): 79-93.

[121] 陈洪泽. 我国教育资源短缺的现状及对策分析 [J]. 经济理论研究, 2007 (6): 120-122.

[122] 张栓兴, 杨欣怡. 加快我国高校科技成果转化的步伐 [J]. 国际经济合作, 2020 (3): 55-63.

[123] 刘慧卿, 赵劲. 我国高等教育供给侧结构性改革路径分析 [J]. 国家教育行政学院学报, 2018 (3): 16-22.

[124] 裴长洪, 刘洪愧. 习近平新时代对外开放思想的经济学分析 [J]. 经济研究, 2018 (2): 4-19.

[125] 高书国, 李捷. 新时代中国高等教育结构调整的战略研究 [J]. 高校教育管理, 2019 (3): 1-9.

[126] 钟秉林. 优化高等教育资源配置推进高等教育内涵发展 [J]. 重庆高教研究, 2014 (1): 1-4+32.

[127] 黄加文, 陈胜祥. 经济结构与调整视角下高校人才培养模式改革探析 [J]. 中国高等教育, 2014 (22): 26-29.

[128] 李捷. "双循环"背景下高等教育发展格局的优化研究 [J]. 高校教育管理, 2021 (5): 23-35.

[129] 李枭鹰. 系统科学视野中的高等教育强国 [J]. 复旦教育论坛, 2008 (6): 23-27.

[130] 陈宇航, 程瑞. 我国高等教育管理方式转变问题研究 [J]. 现代教育管理, 2015 (11): 19-22.

[131] 刘齐, 张睦楚. 中国共产党与中国高等教育的百年发展 [J]. 重庆高教研究, 2021 (1): 12-24.

[132] 金保华, 刘晓洁. 高等教育供给侧结构性改革的理论逻辑与实践路径 [J]. 教育与经济, 2016 (6): 17-23.

[133] 王广亮, 辛本禄. 供给侧结构性改革: 政府与市场关系的重构 [J]. 南京社会科学, 2016 (11): 25-30.

[134] 陈正权, 朱德全. 高等教育供给侧结构性改革: 目标、内容和路径 [J]. 现代

教育管理，2017（2）：23-29.

[135] 陈亮，杨娟. 新时代高等教育高质量发展的逻辑构架与实践［J］. 中国电化教育，2021（9）：9-17.

[136] 陈洪泽. 我国教育资源短缺的现状及对策分析［J］. 经济理论研究，2007（6）：120-122.

[137] 潘懋元，左崇良. 高等教育治理的平衡法则与路径探索：基于我国高教权责失衡的思考［J］. 清华大学教育研究，2016（4）：9-16.

[138] 周元宽. 改革开放以来中国高等教育变迁的主体变奏与时代特征［J］. 北京大学教育评论，2012（4）：50-67.

[139] 马怀德. 公务法人问题研究［J］. 中国教育法制评论，2002（1）：31-42.

[140] 白波，张应强. 高等教育大众化与高校多样化人才培养［J］. 黑龙江高教研究，2008（1）：152.

[141] 钟秉林. 新时代高质量高等教育体系的评价导向［J］. 中国高等教育，2021（1）：1.

[142] 吕锐，吴坚. 优化高等教育质量保障体系［J］. 中国高等教育，2021（10）：25-27.

[143] 陈亮，石定芳. 新时代高等教育现代化的政策逻辑与实践路径［J］. 高校教育管理，2021（1）：97-106.

[144] 石火学，俞兆达. 背景·意涵·路向：高等教育供给侧结构性改革［J］. 江苏高教，2018（10）：23-28.

[145] 张意忠. 高等教育的有效供给及其衡量标准［J］. 社会科学家，2017（9）：119-123.

[146] 高书国. 新一轮高等教育结构调整特征与对策分析：高等教育普及化时代的战略准备［J］. 高校教育管理，2017（9）：13-21.

[147] 高捷. 大数据带给高职院校的影响和挑战［J］. 学园，2014（35）：28-29.

[148] 贺祖斌. 论高等教育高质量发展的十大要点［J］. 高校教育管理，2020（5）：42-48.

[149] 朱孔军. 以新发展格局引领高等教育高质量发展［J］. 红旗文稿，2021（3）：36-38.

[150] 陈鹏，李威. "双一流"建设背景下西部高等教育的挑战与政策供给［J］. 教

育研究，2018（11）：91-98.

[151] 刘晖，马浚锋. 高等教育结构与质量的中国经验［J］. 教育发展研究，2020（7）：22-28.

[152] 徐小洲，倪好，辛越优. 走向新时代：我国高等教育均衡发展的难题与策略［J］. 高等教育研究，2017（12）：30-34，42.

[153] 靳希斌. 教育经济学中几个理论问题的思考［J］. 教育与经济，1998（1）：1-5.

四、学位论文

[1] 郑浩. 我国研究生教育的发展历史研究（1902—1998）［D］. 长沙：湖南师范大学学位论文，2005.

[2] 胡建琴. 甘肃职业教育的需求与供给分析［D］. 天津：天津大学学位论文，2003.

[3] 崔民初. 我国现阶段教育供需矛盾产生的原因及对策研究［D］. 武汉：华中师范大学学位论文，2003.

[4] 吴泽俊. 高等教育供求均衡与策略选择［D］. 南昌：江西师范大学学位论文，2005.

[5] 崔民初. 我国现阶段教育供需矛盾产生的原因及对策研究［D］. 武汉：华中师范大学学位论文，2003.

[6] 蒋洪甫. 中国高等教育供求关系研究［D］. 保定：河北大学学位论文，2007.

[7] 贾佳. 高等教育质量：观念演进与行动契合［D］. 湘潭：湖南科技大学学位论文，2016.

[8] 金鑫. 中国共产党领导高等教育历史轨迹及发展优势研究［D］. 长春：吉林大学学位论文，2019.

[9] 马景惠. 政事分开视角下的中国高等教育管理体制改革研究［D］. 长春：吉林大学学位论文，2014.

[10] 张全红. 新中国成立初期高校院系调整及其经验研究［D］. 曲阜：曲阜师范大学学位论文，2014.

[11] 孟凤玲. "211工程"十六年建设的实践与反思［D］. 浙江：浙江师范大学学位论文，2012.

[12] 顾盛楠. 中国高等教育改革20年的回顾与反思（1995—2015）［D］. 重庆：重

庆大学学位论文，2017.

［13］王锦慧. 我国研究生教育法律制度研究［D］. 山西：山西大学学位论文，2010.

［14］孟洁. 中国研究生招生制度变革研究［D］. 上海：华东师范大学学位论文，2010.

［15］高田钦. "文革"时期我国高校组织及制度变迁［D］. 南京：南京师范大学学位论文，2008.

五、网上电子公告

［1］1949年第一次全国教育工作会议［EB/OL］. （2014-12-23）［2015-02-25］. https://edu.qq.com/a/20141223/000027.htm.

［2］2021年中国创新指数［EB/OL］. （2022-10-27）［2023-10-15］. http://www.stats.gov.cn/tjsj/sjjd/202210/t20221027_1889776.html.

［3］习近平：坚持新发展理念打好"三大攻坚战" 奋力谱写新时代湖北发展新篇章［EB/OL］. （2018-04-28）［2021-11-18］. http://www.xinhuanet.com/politics/leaders/2018-04/28/c_1122761186.htm.

［4］中华人民共和国高等教育法.［EB/OL］. （2004-07-13）［2018-03-21］. http://old.moe.gov.cn/publicfiles/business/htmlfiles/moe/moe_619/200407/1311.html.

［5］全国教育工作会议在京开幕江泽民发表重要讲话［EB/OL］. （2011-12-22）［2021-03-06］. http://news.cntv.cn/china/20111222/116294.shtml.

［6］教育部网站. 2021年全国教育事业统计主要结果［EB/OL］. （2022-03-01）［2022-06-20］. http://www.moe.gov.cn/jyb_xwfb/gzdt_gzdt/s5987/202203/t20220301_603262.html.

［7］国家统计局网站，http://data.stats.gov.cn/search.htm.

［8］清华大学. 新中国初期院系调整中的清华大学［EB/OL］. （2011-02-25）［2019-07-14］. https://www.tsinghua.edu.cn/publish/news/4216/2011/20110225232520375484038/20110225232520375484038.html.

［9］国务院转发教育部关于恢复和办好全国重点高等学校的报告［EB/OL］. （2018-05-28）［2019-03-04］. http://www.34law.com/lawfg/law/6/1185/law_250934891625.shtml.

［10］中共中央关于教育体制改革的决定［EB/OL］. （2004-07-24）［2006-08-

14］. http：//old. moe. gov. cn/publicfiles/business/htmlfiles/moe/moe_177/200407/2482. html.

［11］高等教育管理职责暂行规定［EB/OL］.（2020 - 12 - 25）［2021 - 03 - 21］. http：//www. gov. cn/zhengce/2020 - 12/25/content_5574148. htm.

［12］中共中央关于建立社会主义市场经济体制若干问题的决定［EB/OL］.（2003 - 10 - 14）［2022 - 10 - 11］. http：//www. people. com. cn/item/20years/newfiles/newfiles/b1080. html.

［13］高举邓小平理论伟大旗帜，把建设有中国特色社会主义事业全面推向二十一世纪：江泽民在中国共产党第十五次全国代表大会上的报告［EB/OL］.（2012 - 09 - 07）［2012 - 12 - 08］. http：//www. china. com. cn/guoqing/2012 - 09/07/content_26748255. htm.

［14］教育部关于印发《教育部关于实施〈中华人民共和国高等教育法〉若干问题的意见》的通知［EB/OL］.（1999 - 05 - 25）［2021 - 09 - 15］. http：//www. moe. gov. cn/s78/A02/zfs__left/s5913/s6530/s5933/199905/t19990525_125668. html.

［15］国务院批转教育部2003—2007年教育振兴行动计划的通知［EB/OL］.（2004 - 06 - 27）［2004 - 12 - 28］. http：//www. gov. cn/gongbao/content/2004/content_62725. htm.

［16］国家统计局. 中国统计年鉴：1999—2020［EB/OL］.（2000 - 12 - 28）［2018 - 09 - 07］. http：//www. stats. gov. cn/tjsj/ndsj/.

［17］"211工程"简介［EB/OL］.（2008 - 04 - 07）［2012 - 10 - 11］. http：//www. moe. gov. cn/s78/A22/xwb_left/moe_843/tnull_33122. html.

［18］"985工程"简介［EB/OL］.（2011 - 12 - 30）［2012 - 03 - 08］. http：//www. moe. gov. cn/s78/A22/xwb_left/moe_843/201112/t20111230_128828. html.

［19］面向21世纪教育振兴行动计划［EB/OL］.（1998 - 12 - 24）［2001 - 10 - 28］. http：//www. moe. gov. cn/jyb_sjzl/moe_77/tnull_2487. html.

［20］国务院批转教育部国家教育事业发展"十一五"规划纲要的通知［EB/OL］.（2007 - 05 - 18）［2018 - 06 - 17］. http：//www. moe. gov. cn/jyb_xxgk/moe_1777/moe_1778/tnull_27737. html.

［21］中华人民共和国国民经济和社会发展第六个五年计划（1981—1985）［EB/OL］.

(1982 - 12 - 10)［2019 - 07 - 19］. http：//www. npc. gov. cn/wxzl/gongbao/1982 - 11/30/content_1478459. htm.

［22］中华人民共和国教育部. 中华人民共和国学位条例［EB/OL］.（2005 - 05 - 25）［2019 - 07 - 19］. http：//www. gov. cn/banshi/2005 - 05/25/content_940. htm.

［23］中华人民共和国教育部. 中共中央关于教育体制改革的决定［EB/OL］.（1985 - 05 - 27）［2019 - 07 - 19］. http：//www. moe. gov. cn/jyb_sjzl/moe_177/tnull_2482. html.

［24］中国教育改革和发展纲要［EB/OL］.（1993 - 02 - 13）［2020 - 09 - 10］. http：//www. moe. gov. cn/jyb_sjzl/moe_177/tnull_2484. html.

［25］湖南省教育厅. 国务院批转教育部《面向21世纪教育振兴行动计划》［EB/OL］.（2008 - 08 - 29）［2019 - 08 - 14］. http：//gov. hnedu. cn/c/2008 - 08 - 29/784083. shtml.

［26］中华人民共和国教育部. 教育部关于实施《中华人民共和国高等教育法》若干问题的意见［EB/OL］.（1999 - 05 - 25）［2019 - 07 - 21］. http：//www. moe. gov. cn/s78/A08/gjs_left/moe_739/201001/t20100129_745. html.

［27］中华人民共和国教育部. 中共中央、国务院关于深化教育改革、全面推进素质教育的决定［EB/OL］.（1999 - 06 - 13）［2019 - 07 - 21］. http：//www. moe. gov. cn/jyb_sjzl/moe_177/tnull_2478. html.

［28］教育部等五部门关于深化高等教育领域简政放权放管结合优化服务改革的若干意见［EB/OL］（2017 - 04 - 05）［2017 - 12 - 12］. http：//www. moe. gov. cn/srcsite/A02/s7049/201704/t20170405_301912. html.

［29］中华人民共和国教育部. 2019年全国教育事业发展统计公报［EB/OL］.（2020 - 05 - 20）［2020 - 11 - 06］. http：//www. moe. cn/jyb_sjzl/sjzl_fztjgb/202005/t20200520_456371. htmlfrom = groupmessage.

［30］2020年全国教育事业发展统计公报［EB/OL］（2021 - 08 - 27）［2022 - 09 - 27］. http：//www. moe. gov. cn/jyb_sjzl/sjzl_fztjgb/202108/t20210827_555004. html.

［31］胡洁. 我国已与188个国家和地区建立教育合作与交流关系［EB/OL］.（2017 - 12 - 19）［2020 - 11 - 06］. http：//www. sohu. com/a/211454959_387118.

［32］重磅! 2018年最新ESI数据公布（含全国高校排名）［EB/OL］.（2018 - 01 - 12）［2019 - 02 - 25］. http：//gjs. njust. edu. cn/86/56/c2317a165462/page. htm.

[33] 2018年"高被引科学家"名单出炉［EB/OL］.（2018－11－27）［2019－02－03］. http：//news.sciencenet.cn/htmlnews/2018/11/420443.shtm? id＝420443.

[34] World University Rankings 2019：results announced［EB/OL］（2019－09－26）［2020－11－07］. https：//www.timeshighereducation.com/news/world-university-rankings-2019-results-announced.

[35] ESI学科排名［EB/OL］.（2018－09－15）［2020－11－18］. http：//www.360doc.com/content/18/0915/12/55061859_786855399.shtml.

[36] 中华人民共和国教育部. 2021年全国教育事业发展统计公报［J］. 中国地质教育，2023（3）：109－111.

[37] 中华人民共和国教育部. 高校创新成果丰硕：2019年度国家科学技术奖励高校获奖情况［EB/OL］.（2020－01－12）［2020－11－07］. http：//www.gov.cn/xinwen/2020－01/12/content_5468422.htm.

[38] 中华人民共和国教育部. 数据看变化：高等教育情况［EB/OL］.（2017－09－28）［2020－11－18］. http：//www.moe.gov.cn/jyb_xwfb/xw_fbh/moe_2069/xwfbh_2017n/xwfbh_20170928/sfcl/201709/t20170928_315531.html.

[39] 国家统计局. 中国统计年鉴：2011—2020［EB/OL］.（2019－12－10）［2020－04－11］. http：//www.stats.gov.cn/tjsj/ndsj.

[40] 最新! 2018年教育大数据来了［EB/OL］.（2019－02－27）［2019－06－18］. http：//www.sohu.com/a/298200660_650459.

[41] 中国教育在线. 从242人到近千万人，新中国研究生教育70年［EB/OL］.（2019－12－19）［2020－11－06］. https：//www.sohu.com/a/361371932_100226214.

[42] 中华人民共和国教育部. 2019年全国教育事业发展统计公报［EB/OL］.（2020－05－20）［2020－11－06］. http：//www.moe.gov.cn/jyb_sjzl/sjzl_fztjgb/202005/t20200520_456751.html? from＝groupmessage.

[43] 学科建设与国家发展同步共频党的十八大以来学科建设情况综述［EB/OL］.（2017－12－28）［2018－02－08］. http：//www.moe.gov.cn/jyb_xwfb/gzdt_gzdt/s5987/201712/t20171228_323246.html.

[44] 闫景臻. "一带一路"沿线国家来华留学生数据增幅明显［EB/OL］.（2017－03－01）［2019－03－26］. http：//www.china.com.cn/education/2017－03/01/content_

40386010. htm.

[45] 中国教育在线. 2018年度我国来华留学生人员情况统计 [EB/OL]. (2019 - 04 - 12) [2020 - 11 - 11]. http：//www. eol. cn/news/aowen/201904/t20190412_1654325. shtml.

[46] 中华人民共和国教育部. 国家中长期教育改革和发展规划纲要（2010—2020年）[EB/OL]. (2020 - 07 - 29) [2019 - 07 - 26]. http：//www. moe. gov. cn/jyb_xwfb/s6052/moe_838/201008/t20100802_93704. html.

[47] 中华人民共和国教育部. 国务院关于加快发展现代职业教育的决定 [EB/OL]. (2014 - 06 - 22) [2019 - 07 - 28]. http：//www. moe. gov. cn/jyb_xxgk/moe_1777/moe_1778/201406/t20140622_170691. html.

[48] 中华人民共和国教育部. 国务院关于印发国家职业教育改革实施方案的通知 [EB/OL]. (2019 - 02 - 13) [2019 - 07 - 31]. http：//www. moe. gov. cn/jyb_xxgk/moe_1777/moe_1778/201904/t20190404_376701. html.

[49] 国务院关于印发统筹推进世界一流大学和一流学科建设总体方案的通知 [EB/OL]. (2015 - 11 - 05) [2016 - 12 - 13]. http：//www. gov. cn/zhengce/content/2015 - 11/05/content_10269. htm.

[50] 国务院关于加快发展现代职业教育的决定 [EB/OL]. (2014 - 06 - 22) [2015 - 03 - 10]. http：//www. gov. cn/zhengce/content/2014 - 06/22/content_8901. htm.

[51] 西安交通大学. 陕西省委、省政府办公厅关于建设"一流大学、一流学科，一流学院、一流专业"的实施意见 [EB/OL]. (2017 - 01 - 15) [2019 - 07 - 29]. http：//pinggu. xjtu. edu. cn/info/1003/1050. htm.

[52] 河南省教育厅. 关于引导部分本科高校向应用型转变的实施意见 [EB/OL]. (2016 - 08 - 16) [2019 - 07 - 29]. http：//www. haedu. gov. cn/2016/08/16/1471319932874. html.

[53] 教育部关于做好2009年全日制专业学位硕士研究生招生计划安排工作的通知 [EB/OL]. (2009 - 04 - 04) [2019 - 07 - 30]. http：//www. graduate. chd. edu. cn/info/1028/1260. htm.

[54] 关于印发《硕士、博士专业学位研究生教育发展总体方案》和《硕士、博士专业学位设置与授权审核办法》的通知 [EB/OL]. (2010 - 09 - 18) [2019 - 02 - 25]. http：//www. cdgdc. edu. cn/xwyyjsjyxx/gjjl/zcwj/268313. shtml? NSNDX = 0.

［55］中华人民共和国教育部. 教育部 国家统计局 财政部关于2020年全国教育经费执行情况统计公告［EB/OL］.（2021－11－30）［2022－06－10］. http：//www. moe. gov. cn/srcsite/A05/s3040/202111/t20211130_583343. html.

［56］教育部 国家统计局 财政部 关于2019年全国教育经费执行情况统计公告［EB/OL］.（2020－10－28）［2021－11－03］. http：//www. moe. gov. cn/srcsite/A05/s3040/202011/t20201103_497961. html

［57］教育部 财政部 国家发展改革委关于公布第二轮"双一流"建设高校及建设学科名单的通知［EB/OL］.（2022－02－11）［2022－07－11］. http：//www. gov. cn/zhengce/zhengceku/2022－02/14/content_5673496. htm.

［58］习近平：在教育文化卫生体育领域专家代表座谈会上的讲话［EB/OL］.（2020－09－22）［2020－11－09］. http：//www. xinhuanet. com/politics/leaders/2020－09/22/c_1126527570. htm.

［59］习近平主持召开中央财经委员会第五次会议［EB/OL］（2019－08－26）［2020－01－10］. http：//www. xinhuanet. com/politics/2019－08/26/c_1124923884. htm.

六、外文文献

［1］DILL D D. Will market competition assure academic quality：an analysis of UK and USA experience［J］. Quality Assurance in Higher Education，2007，20：47－72.

［2］BARBER M，MOURSHED M. How the world's best-performing school systems come out on top［M］. New York：McKinsey and Company，2007：16.

［3］DENISON E F. The sources of economic growth in the United States and the alternatives before us［M］. The Journal of Economic History，1962，23（3），352－362.

［4］SCHULTZ T W. Education and economic growth in socialfoeces influencing American education［M］. Chicago：University of Chicago Press. 2012.

［5］CLARK B R. The higher education system：academic organization in cross-national perspective［M］. Los Angeles：Univerdity of California Press，1984：42－54.

［6］HANUSHEK E A，WOESSMANN L. The knowledge capital of nations：education and the economics of growth［M］. Boston：The MIT Press，2015.

［7］WINDOLF P P. Expansion and structural change：higher education in Germany，the United States and Japan, 1870 – 1990 [M]. Oxford: Westview Press, 1997: 37.

[8] BECHER T, KOGAN M. Process and structure in higher education [M]. London: Routledge, 1992: 96.

[9] PSACHAROPOULOS G, SANYAL B C. Higher education and employment: the IIEP experience in five less developed countries [M]. Paris: International Institute for Educational Planning Publishing, 1981.

[10] RADNER R, MILLER L S. Demand and supply in U. S. higher education: a progress report [J]. American Economic Review, 1970, 60 (2): 326 – 334.

[11] BECKER G S, Murphy K M, Tamura R. Human capital, fertility, and economic growth [J]. Journal of Political Economy, 1990, 98 (5), 12 – 37.

[12] MINCER J. Schooling, experience, and earnings [J]. Human Behavior and Social Institutions. 1974 (2): 11 – 13.

[13] CASTELLO A, DOMENECH R. Human capital inequality and economic growth: some new evidence [J]. Economic Journal, 2010, 112: 187 – 200.

[14] GALOR D. Income distribution and macroeconomics [J]. The Review of Economic Studies, 1993 (60) 35 – 42.

[15] St. GEORGE E. Positioning higher education for the knowledge based economy [J]. Higher Education, 2006: 589 – 600.

[16] PASTOR J, Peraita C, Serrano L, et al. Higher education institutions, economic growth and GDP per capital in European Union countries [J]. European Planning Studies, 2018 (3): 16 – 33.

[17] LARA J A, LIZCANO D, MARTINEZ M A, et al. A system for knowledge discovery in e-learning environments within the European higher education area: application to student data from open university of Madrid, UDIMA. [J]. Computer and Education, 2014 (1): 23 – 26.

[18] WISWALL M, ZAFAR B. Determinants of college major choice: identification using an information experiment [J]. Review of Economic Studies, 2015, 82 (2): 791 – 824.

[19] BAKER R. Understanding college students' major choices using social network analysis [J]. Research in Higher Education, 2018, 59 (2): 198 – 225.

[20] FATIMA S. The employ – ability skills of higher education graduates: insights into conceptual frameworks and methodological options [J]. Springier Science Business Media, 2017 (2): 263 –268.

[21] ARBO P, BENNEWORTH P. Understanding the regional contribution of higher education institutions: a literature review [J]. Political Science, 2007 (7): 79.

[22] HANUSHEK E A, WOESSMANN L. Knowledge capital, growth, and the East Asian miracle [J]. Science, 2016 (1): 344 –345.

[23] TEMPLE J. A positive effect of human capital on grouth [J]. Economics Letters, 1999, 65 (1): 131 –134.

[24] SEETANAH B, TEEROOVENGADUM V. Does higher education matter in african economic growth: evidence from a PVAR approach [J]. Policy Reviews in Higher Education, 2019, 3 (2): 125 –143.

[25] GRUBER L, KOSACK S. The tertiary tilt: education and inequality in the developing World [J]. World Development, 2014, 54 (2): 253 –272.

[26] MATTOON R H. Can higher education foster economic growth [J]. Chicago Fed Letter, 2006 (8): 4.

[27] RADNER R, MILLER L S. Demand and supply in U. S. higher education: a progress report [J]. American Economic Review, 1970, 60 (2): 326 –334.

[28] ESTELLA J. Why do different countries choose a different public – private mix of educational service [J]. Journal of Human Resources, 1993, 28 (3): 571 –592.

[29] JACKSON G A, WEATHERSBY G B. Individual demand for higher education: a review and analysis of recent empirical studies [J]. Journal of Higher Education, 1975, 46 (6): 623 –652.

[30] CLOTFELTER C T, Rothschild M. Studies of supply and demand in higher education [M]. Chicago: The University of Chicago Press, 1993.

[31] JAMES E. Why do different countries choose a different public – private mix of educational services [J]. Journal of Human Resources, 1993, 28 (3): 571 –592.

致 谢

春去夏至，绿茵蝉鸣，河池清浅，三载已逝，百味杂陈。三载短暂，于吾而言，可学技艺颇多，然吾性情愚钝，久而未得关窍；三秋良久，可数星河果蔬繁多，饱读千年华章典籍，感叹学海无边，实则余未尝竭力而行。吾思忖素常所为，捶胸悔恨，难以言表。时光如弹指瞬变，恍若惊鸿一梦，离别在即，难表恩谢之情。回首往昔，手执拙笔，感慨居多，谨以此文，铭心致谢。

首谢吾师纪明。幸遇恩师收留，带我入门，悉心教导。恩师不嫌予蒙昧，时长循序善导，责我勤勉；初学经济，知我学浅基弱，赠书赐教，稍获一二，经年累月吾才略有所得，此为恩师之劳苦。吾师性情随和、乐观豁达，承蒙恩师言传身教，予偶有不虞，念及其遭遇重拾信心，随后郁气消散。恩师常言："人生大事谓之生死，除此皆为微末。"学生或有难处急事，师闻之必竭力相助。恩师喜炙烤之物，时有餐食美味，款待众多弟子，以满足口腹之欲。是以师门关系和谐，此为人和。吾师授教传道善细剖机理，以便贴切通俗，堂间时有欢声笑语。其后学生寻求学路法门，受益于师之点拨，然敢只身前往，无所畏惧。学海之途枯乏，如无指导恐偏正道久远。而学生尚未立足，以待来日报恩。

次谢所遇诸位师长。吉林大学各位教授前辈，精于学术，专于所长，善于授教。论文从开题至答辩，惠于诸多专家指导纠谬，令后辈受益匪浅，避免学生贻笑大方，另开拓治学新思路，倍感吾学修之路远矣。

后谢父母宠爱，令我衣食无忧，精神富足，安心学业。父不善言辞，但为人谦和有礼,从教三十余载,孜孜不倦;母性情和善,勤劳不辍,通情达理,上服侍公婆终老无怨,下抚养子女正直拼搏,帮扶左邻右舍。父母因吾女娃,宠溺尤甚,尽心育德教行,节衣缩食助我修学受教,以期知书达理。可叹父母爱子之心,无私无怨。是以吾定当竭尽心力,不辜负长辈所期。唯愿父母长乐安泰,报之生养之恩。

行文到此,笔犹未息,恩长笔短,难表其一。